JN091695

身心文化学習論

樋口聡教授退職記念論集・編集委員会 編

創文企画

まえがき
―「身心文化学習論」とは―

樋口　聡

本書の書名「身心文化学習論」は耳慣れない言葉である。それは私の造語であり、私の研究の履歴から生まれたものである。その経緯を記し、まず、この用語が示唆するところの共通理解を得たいと思う。

私の研究の履歴と用語成立の経緯

私の研究は、「スポーツ美学」から始まった。「スポーツの美の哲学的考察」という博士論文（教育学博士）[1)] を執筆し、1983 年に筑波大学大学院博士課程体育科学研究科を修了した。同年、広島大学教育学部福山分校に採用され、1984 年から、教育学部の体育教育学専修で「体育原理」を講じることになった。この「体育原理」は、当時、体育哲学を実質的に意味しており、私は、この必修科目の講義において、「体育とは何か」という基本問題として、「体育」と「スポーツ」の区別、教育としての「体育」の諸問題、スポーツの本質論としてのスポーツ美学などを扱った。こうした或る意味では安定した状況が、1996 年まで続いた。1990 年代になって、伝統ある広島大学の教育学研究科の改革問題が表面化し、新たな博士課程後期の専攻の設置が現実化し、1997 年に、私は、新設された「学習開発専攻」の専任教員となり、体育教育学講座からは離れることになった。同じ部局内での配置換えということであるが、私にとっては、研究と教育の立ち位置の大きな転換となった。

「学習開発専攻」は、これまでの教育諸科学（教育学、心理学、教科教育学）の研究成果と教育実践を結び付ける新たな研究の方向を志向した野心的なプロジェクトであった。私に期待されたのは、従来の教育学に対する新しい挑戦であった。とは言っても、それまでやってきたことと全く異なることに一から着手することなど不可能で非現実的であり、スポーツの美学的研究から導かれた「身体論」と「遊戯論」を基盤に、「学習」の基本問題に取り組むことになった。

当時は、『シリーズ学びと文化』（全6巻、東京大学出版会、1995-1996年）といった論集が東京大学大学院教育学研究科の教授たちによって刊行され、新たな「学び」の研究が提唱されたときであり、私の教育学へのコミットは、こうした学習（学び）の哲学的研究から出発することになった。

私は、新たな旅立ちに当たって、「現代学習論における身体の地平：問題の素描[2)]」という論文を書いた。それは、「学習をめぐる知の状況」の反省から始まって、「学習と身体を結ぶもの」を考える必要性、その際の「制度との軋轢」の自覚、具体的な事例としての「身体と身体教育」、そして「身体論と学習の問題」と展開し、これから取り組まれるべき問題の素描がなされたものであった。その末尾で、私は以下のように書いた。

> 筆者は、身体論、遊戯論、美学・芸術学といった思索の枠組みを援用しつつ、学習（あるいは学び）や教育（あるいは教養）、そして文化・社会・歴史を考察する広い意味での現代思想の問題として、今、要請されている学習論を展開することができるのではないかと考えている。それは全く新たな道のりであると同時に、伝統的な学問的思索への実践的な回帰の道でもあるに違いない。とりあえず「身心文化論」（Philosophy and Aesthetics of Body, Mind and Culture）といった多義的で曖昧な名称を、この地平に対して与えておきたいと思う[3)]。

「学習開発専攻」の専任教員として自分が取り組むべき問題の領野を、私は「身心文化論」と命名したのであった。それは上記にあるように、「とりあえず」で「多義的で曖昧な名称」であった。「論」の内実は哲学と美学であることを、その英語表記は示しており、それが研究の方法である。そして研究の対象は、身体と精神と文化。これは何も特定していないに等しい。要するに、何でもありの態勢を取ろうとしたのであった。「身心文化論」、特にその英語名称は、或る意味、魅力的である。リチャード・シュスターマンが広島大学の客員教授であったとき、これを見て「いいね！」と言ったのを覚えている。彼が長を務めるフロリダ・アトランティック大学のCenter for Body, Mind and Cultureの名称は、私が命名したこの領域名から取られたものである[4)]。

「学習開発専攻」は、最初は博士課程後期のみの独立専攻であったが、その後、博士課程前期が設置され、学部にも接続された。後になって知ったこと、そして私自身の解釈でもあるが、学校教育研究科・学校教育学部を吸収合併した新しい教育学部、そしてすべての領域に博士課程後期を有した教育学研究科の設立が目指された改革の最終目標であり、「学習開発専攻」はそのための接着剤のようなものであったようだ。結果として、広島大学の教育学部ですべての校種の教員養成の機能が保持されることになった。2000年以降、博士課程前期での講義や演習を担当しなければならなくなり、私は講義・演習の名称に「身心文化論」を使おうとしたが、それだけでは教育との関係が見られないということから、「学習」を付与して、「身心文化学習論特講」「身心文化学習論演習」といった科目名を創り出した。Philosophy and Aesthetics of Body, Mind, Culture and Learningである。これが「身心文化学習論」の素性である。いい加減と言えばいい加減であるが、上に述べたように、私の研究の履歴からの誠実な対応を考えたとき、然るべきものだったと思っている。また、領域を固定化せず「開いておく」といった姿勢は、1990年代以降の人文学的学問の基本的な特徴でもあり、時代の潮流を敏感に反映したものでもあっただろう。この特講、演習では、最大限の柔軟さを持って実に多様で多彩なトピックが問題にされた。それが、本書のタイトル「身心文化学習論」が意味するものである。

その後、2010年と2013年に私は病気で倒れ、それまでと同じような活動が思うようにできなくなったということもあるが、再度、再々度の組織改革の中で、これらの科目名称に疑義が提出され、「学習開発学原論特講」「学習開発学原論演習」といった、或る意味オーソドックスで陳腐な名称への変更を余儀なくされた。そのとき出された「理由」が、「身心文化学習論特講」「身心文化学習論演習」といった科目だと、私しか担当できないから、という驚くべきものであったことを憶えている。私が退職した後のことがすでに考慮され始めていたのだろう。しかしながら、名物教授がいてその人しかなしえない講義に接することができるというのが、良き大学の姿ではなかったのか。こうした一事を見ても、大学という教育の場所がすでに変質してしまったと言わざるを得ない思いにかられる。今の大学は、私が学生であったころの大学と同じものではもはやない、のである。しかし、学生諸君は、或る意味、正直で敏感である。「身心文化学習論特講」「身心文化学習論演習」といった科目があったころは、その名称の珍しさやシラバスにうたわれている内容の不思議さからか、領域を超えた学生諸君が広く受講しに来ていたが、「学習開発学原論特講」「学習開発学原論演習」となってからは、受講生は激減したのであった。

ささやかな含意

「身心文化学習論」の内実をどのように描くことができるだろうか。然るべき内的構造があるわけではないので、私が取り組んできたことを振り返りながら、そこに含まれるキーワードを取り上げ、思うところをいくらか記述してみよう。

(1) 方法としての哲学と美学

私が美学という学問と真剣に向き合った1970年代の終わりから80年代にかけては、伝統的な学問のスタイルがまだ主流であった。その学問の状況は、例えば、竹内敏雄（編）『美学事典』（増補版、弘文堂、1974年）に見ることができるだろう。美の「本質」を探究する形而上学を志向するような潮流が、まだ生きていたような気がする。私はそのスタイルの影響を真剣に受けて、「スポーツの美の哲学的考察」（1983年）を書いた。そうせざるを得なかったというのが正直なところだろう。一方で、スポーツといった具体的な事象を問題にするに当たって重要であったのは、現象学的視点であった。当時の美学の常識からすれば、スポーツを美学の正当な考察対象とすることなど無理であった。そうした思いなしを中断して、目の前に存在するスポーツにおける美的現象の構造や機能を事象に即して描写するために、さらに自分自身の競技者としてのスポーツの実践体験を反省的に記述するために、現象学は欠かすことができなかった。

学位を取得して研究者として自立してほどないころ、時代はポストモダンの波に飲み込まれ、私もそれまでの自分の学問遍歴を振り返って、その影響を受けた。その辺の事情は、二作目の『遊戯する身体—スポーツ美・批評の諸問題—』（1994年）に見ることができる。「美学」という学問の内部に閉じこもることを無批判に受け入れることができなくなり、いろいろな側面から「美学」を相対化するようになった[5)]。その後、同じような思いを持った研究者に何人も出会うことになった。その一人がリチャード・シュスターマンである。シュスターマンが辿り着く広い意味のプラグマティズムが、私が取りえる方法としての哲学・美学の基本になった。特に、その後、教育の問題に向き合うに当たって、絶対的な本質を措定しないプラグマティズムの考え方は大きな意味を持った。

学術論文のお決まりのスタイルを脱構築して「批評」と融合させるエッセ・クリティックといった文体の問題にも、魅了された。こうしたスタイルへの志向は、私の学問探究の中にずっと生き続けているように思われる。それゆえ、哲学的研究においても、その中核には、やはりスタイルに関わる美学がある。私の思索の中で、「芸術」が問題を考えるモデルとなっていることが間々あるのである。この辺の美学へのこだわりは、シュスターマンのそれと似ているかもしれない。「身心文化学習論」の方法としての哲学・美学は、こうした特性を持っており、多くの論者と部分的であっても共有できることを期待したい。

(2) 身体と精神

このキーワードが示唆するものは、言うまでもなく身体論の問題である。難儀なテーマである。今参照している「現代学習論における身体の地平」で示されている「身体論の射程」を振り返るだけにしよう。それによれば、「身体論」には三つの圏域がある[6)]。

一つは「身体・認識・存在論」である。これは、身体論は認識論であり存在論であることを意味している。特に西洋哲学において何らかのかたちで「身体」が論じられていることへの着目であり、それは要するに「心身関係論」と一般に呼ばれている。そこにおいては，精神あるいは心あるいは魂とは何かといった問題の反照として身体が問われることになるのであり，それは、結局は人間とは何かという問いへと至る。フッサール、ベルクソンからメルロ＝ポンティという現象学の系譜における身体論やギルバート・ライル、マーク・ジョンソンなどの論がこの圏域に位置付く。学習にとって重要な契機である「知識」「理解」「言語」などについての新たな見解を，この身体論は呈示することになるだろうと、私は書いた。

二つ目は、「身体・文化・社会論」である。身体論は文化論であり社会論であるということであり、社会的身体、歴史的身体といった視点で人間の社会や文化を捉える身体論が考えられている。例えば、均質な身体の大量生産が可能になった近代という時代における身体教育の誕生といったトピックが、この圏域から立ち上がる。

そして三つ目は、「身体・運動・技能論」であり、芸術やスポーツだけでなく日常生活に広く観察されるわざあるいは技能と呼ばれることがらを直接的に知る（体験する）ことの構造や意味の探究を、まずはこの問題圏は志向する。わざや技能は、われわれが直接にものごとに対処する体験や経験の実相であり、それを「知る」とはそれを実際に「生きる」ことに他ならない。そうした大きな視点から身体運動や技能の問題を再考することが、この圏域では考えられる。

こうした拡張された身体論の射程を見据えてテーマを模索すること、それが「身心文化学習論」の実際を形作ることになる。

(3) 文化

「身心文化学習論」では、身体文化、芸術文化、スポーツ文化…などといった語が使われ、当該の対象が、例えばスポーツが「スポーツ」に特定・限定されて問題にされるのではなく、「スポーツ文化」と言われることによって、広い視野から観察されることになる。視野を広げるということは、ズーム・アウト、すなわち観察者は対象から退き、距離を取ることになる。対象から距離を取ることによって、対象だけを注視するのでなくなり、その周辺にあるものも視野に入ってくる[7)]。私がスポーツの美学的研究で行ったことはまさにこれであり、スポーツにまなざしを注ぎつつも、その周辺にある芸術も視野に入ってきて、その結果、比較文化的な美学の視点が得られたのであった。

「文化」については、1980年代後半から90年代にかけてのいわゆるポストモダンの時期に、私は、以下のような基本理解を得ていた。

> 批判的解釈学を展開するトンプソンによれば、通常の「文化」の理解は、文化の「古典的見解」であるという。すなわち、「文化とは人間の能力を啓発し高貴なものへと高める過程であり、それは学問や芸術の理解・獲得によって推進される」といった類の文化概念である。これは十八世紀から十九世紀にかけてヨーロッパにおいて生み出された、一つのイデオロギーである。特定の価値観に基づく先入見を排除して、動物と区別される人間的活動のすべてを文化と捉える理解が、学問的には常識化している。それに即して考えてみれば、動物には決してなしえないスポーツなどという人間の活動は、文化以外の何物でもない。ただし、このように指摘できるからといって、それがスポーツの価値を保証することにならないことには注意すべきである。俗っぽい文化概念とは異なる意味でスポーツは文化であると理解されるとすれば、その文化としてのスポーツの価値は何なのだろうか。それは、思弁的な理屈によって上方から無条件に決定されるのではなく、日常われわれがスポーツ体験の中に発見する具体的な現象の中に存在している[8)]。

改めて「美的文化」や「教育文化」を検討したら、いかなることになるか。

(4) 学習

従来の「教育」の研究を「学習（学び）」の視点から新たに構築し直すこと、を目指して「学習開発専攻」は誕生した。その特徴の一つは、これまでの学問体系に頼りながらも、自由に学際を飛び越え、トピック中心的で実践的な性格を持っていることである[9]。その中に「身心文化学習論」もあるわけであり、その「学習」は、いわゆる教授—学習過程のそれではないし、学習心理学が問題にしてきたそれでもない。簡潔に言ってみれば、世界内存在としての人間の経験として「学習」は捉えられるといった原理論の展開が、ここでは考えられている。具体的な教育問題としては、「教育」から「学習」へといったことよりも、むしろ「勉強」から「学び」へといった姿勢の転換[10]や、「学び（＝まねび、模倣）」の身体性[11]といったことが取り上げられる。

一つの問題構制は、私がこのところ取り組んできた「感性教育論の展開[12]」であろう。経験の主体と世界との対峙を考えるために「感性」という能力に着目しているのであるが、その「感性」は、すでに古い言葉になっている「美的教育」と絡んでいる。美的教育 aesthetic education の aesthetic は、もともと感性を意味していたのである。その理論的原点と言われるカントの捉え方を超えながらも受け継いで、感性教育を考える。そこには、現行の学校教育制度への批判的視点が色濃く現れ、結果として、世界内存在としての人間の経験が問題化されるのであり、それは、ここで言う「学習」論に包摂される。

トポスとしての「身心文化学習論」

『身心文化学習論』というタイトルの論集のまえがきとして、書名をめぐるエピソードを、命名の当事者として綴ってみたが、結局、何が言えるのか。この名称が生まれる前に、私の中で実存的身体をめぐる議論の展開（スポーツの美学的研究)があった。そこからいわゆるキーワードが結晶化するのであるが、その個別的な結晶を分析的に究明するのとは対照的に、その結晶の輝きを可能な限り増幅させ、何ものかのありかを浮き上がらせることが、この「身心文化学習論」という生硬な用語がとりあえず表象しようとしていることであった。それは、中村雄二郎が 1980 年代に呈示した「トポス」だと考えることができるように思われる。問題の具体的な考察や議論にかかわるものとしての場所＝トポスである。議論が多くの、そして多様な種類の事柄にかかわっていることを、それは私たちに知らせる。そして、それは、意識的自我の地平であり基盤であるような実存的身体としての場所としての身体を包含する「象徴的なものとしての場所」を前提にしたトポスでもある[13)]。

この場所に集い美学論やスポーツ論や教育論を繰り広げる論者の面々は、このトポスから何ものかを受け取り、自分の議論に生かすことをするだろう。と同時に、全く異なる論理と趣向で、このトポスを変質させることもあるだろう。そうして論者の生も、扱うトピックも活気づけられる。そんなことを夢想したい。

《註》

1）この博士論文は、『スポーツの美学―スポーツの美の哲学的探究―』（不昧堂出版、1987年）として出版された。私が弱冠32歳のときであった。

2）樋口聡「現代学習論における身体の地平：問題の素描」『広島大学教育学部紀要（第一部）』第46号、1998年、277-285頁。

3）同論文、283-284頁。

4）樋口聡「現代日本における身体感性論」樋口聡ほか『身体感性と文化の哲学―人間・運動・世界制作―』勁草書房、2019年、201頁。

5）樋口聡「連載：今、自分がしたい－している－研究　遊戯論と身体論―美学を超えて－」『体育の科学』第45巻第11号、1995年、893-897頁。この学問への向き合い方の雰囲気は、『スポーツの美学』を出版したときに、すでに私は感じ取っていた。実は、『スポーツの美学』には本に収録されていない「解説」が存在する。「『スポーツの美学』（不昧堂）を出版して―著者自身による解説―」広島大学附属図書館『図書館だより』第14巻第1/2号、1987年、367-368頁、である。そこに、ポストモダン的なポーズが刻まれている。

6）樋口、「現代学習論における身体の地平」、前掲論文、281-282頁。

7）この見方を使って、私は「研究の位置」について考えたことがある。「広い視野を持つ」ことの重要性がしばしば語られるが、それは観念的なことではなく、研究対象（例えば教育実践の現場）から遠ざかることだと指摘した。樋口聡・山内規嗣『教育の思想と原理―良き教師を目指すために学ぶ重要なことがら―』協同出版、2012年、265-268頁。

8）樋口聡「文化としてのスポーツと感性」『学校体育』第47巻第1号、1997年、24頁。

9）樋口ほか、『教育の思想と原理』、前掲書、6頁。

10）同書、134-138頁。

11）同書、157-161頁。

12）樋口聡「感性教育論の展開（1）―言葉の教育を考える―」『広島大学大学院教育学研究科紀要（第一部）』第67号、2018年、9-18頁、「感性教育論の展開（2）―感覚・感受性―」『学習開発学研究』第12号、2019年、3-12頁、「感性教育論の展開（3）―表現―」『広島大学大学院教育学研究科紀要（第一部）』第68号、2019年、11-20頁。「感性教育論の展開（4）―技能―」『広島大学大学院人間社会科学研究科紀要「教育学研究」』第1号、2020年、1-10頁、「感性教育論の展開（5）―主体性そして全人性―」『学習開発学研究』第13号、2021年、7-16頁。

13）中村雄二郎『術語集―気になることば―』岩波新書、1984年、141-145頁。

身心文化学習論

目　次

第一部　美学

第一章

制作する身体

—身体感性論から Arts-Based Research へ—

小松佳代子

はじめに

本書「まえがき」にあるように、樋口聡の「身心文化学習論」は、「スポーツ美学」から出発し、そこから導かれた「身体論」「遊戯論」を基盤として、「学習」論に取り組むという経緯を経て醸成されてきたものである。スポーツと美学と教育とを行き来しつつなされるその研究は、スポーツに対しては哲学を基盤とした身体論や文化論から問い直し、近代に成立した芸術に考察を限定してきた美学に対しては領域の拡張と、実践的視点からの相対化を目指す[1)]。『遊技する身体—スポーツ美・批評の諸問題』で明示されているように、研究の方法は、「批評的な態度」に貫かれており、それは「ものごとの様相に即して想像的かつ創造的に柔軟に思考できる冷静沈着な目と機知にとんだ知性」と説明される[2)]。身体や遊戯という深いレベルでそれぞれの領域を接続することによって、体育学[3)]や美学や教育学といった既存の学問を正面から問い直す一方で、「教育の具体相としての『教科』」にも視線を届かせるものである[4)]。

樋口のような学術的な問いからではないのだが、置かれた現場の変化によって私も、教育学からスタートして、スポーツから美術制作へと研究の領域を移してきた。教育とスポーツと美術とを接続する際に注目したのはやはり身体である[5)]。こうした研究関心において、樋口の『身体教育の思想』、そして樋口が紹介する R. シュスターマンの「身体感性論(somaesthetics)」に着目するのは必然の流れであった。

1．身体感性論ワークショップ

2013年6月シュスターマンを東京藝術大学に招いて、特別講演[6]と大学院美術教育研究室の学生を対象に2日間に及ぶワークショップを行った。事前に私の担当授業「美術教育論」において、シュスターマンや樋口の文献[7]を読み、東京藝術大学大石膏室横のアートスペースに絨毯を敷いてシュスターマンの指示のもと、10数人の大学院生が「身体感性論的訓練のセッション（somaesthetic training sessions)」に参加した。この時期、身体感性論は大きく展開していたように思われる。前年の2012年、シュスターマンの主著とも言うべき『プラグマティズムの美学[8]』出版20周年を記念したソルボンヌ大学での国際会議と連動して、シュスターマンが企画した展覧会がパリで開かれている[9]。シュスターマン自身が述べているように、上記著書で焦点を当てられていたのは文芸と音楽であったが、視覚芸術家とのコラボレーションを通して、彼の関心は視覚芸術へ向けられるようになる。また身体感性論の目的が「哲学の基礎的な目標」に差し向けられているにも拘わらず、2002年の時点では実践的な身体感性論を標準的な哲学カリキュラムに組み込むことには躊躇していたのが[10]、2012年に出版された身体感性論に関する論文集では、哲学クラスに身体感性論の実践を持ち込むことが具体的に議論されている[11]。

樋口が指摘しているように、身体感性論 は、「身体の経験と使用についての批判的、改良主義的研究を行なう一つの学問[12]」でありつつ、実践の次元も含むことで、これまでの学問が、理論と実践を分断し、身体的な感覚を等閑視してきたことを問い直すものである。身体的な訓練を通じて理論と実践を統合することで、美学を言語哲学や形而上学から解放して本来の意味である「知覚、意識、感情」という中心課題に引き戻し、また「身体化された生き方（embodied way of life)」を意味していた古代の哲学概念を再生させるという意図がある[13]。身体感性論が、論として一定程度認知されてきたこの時期、それを具体的な実践と接続することが試みられていたのだと見ることができる。

芸術教育を高次の覚知（awareness）と、個々の身体を通した世界への開かれと捉えていた[14]当時の私にとって、「私たちの身体的な状態や感情への気づき（awareness）を改良すること」を目指し、それを通じて、認識論的・倫理的・政治社会学的、さらには存在論的な課題に実践的に取り組もうとする身体感性論[15]は非常に魅力的なものに映った。

シュスターマンは韓国の工学系大学で同様のワークショップを行い、セッション後に学生たちが出した工学的なアイデアの創造性が非常に高まった事例を紹介してくれた。美術系の大学で同様の実践を行うにあたって、シュスターマンと相談して計画したのは、身体への気づきを十分に得た後にドローイングをするということであった。大学院生たちも含めて非常に大きな期待をしつつ当日を迎えたのだが、その結果は「何も起こらなかった」。いや、何かは起こっていたはずなのだが、当時の私にはそこで生じていることを読み取る力がなかった。シュスターマンと私が計画したように、身体のこわばりを解いてドローイングを描いたのは、絵画を通じたワークショップを専門としている1名の学生だけであった。それゆえ、シュスターマンが学生たちに投げかけたセッションを振り返る多くの質問にも私たちはほとんど答えることができなかった。

いくつかの理由は考えられた。一つひとつの指示や問いに従って体を動かすということ自体への忌避感があったのかもしれない[16)]。2日間というセッションは「何かが起こる」には短すぎたのかもしれない。通訳を介したセッションである故に理解が及ばなかったのかもしれない。美術制作者の身体はそれほどに他からの介入を拒むものなのか。参加していたダンスやパフォーマンスの表現活動を行っている学生は「あまりにも内側を見すぎていたので、外を見たかった」「言語で身体的経験を固める感じ」だったと振り返っていた。同じく身体への気づきを大切にしていても、方法論的な齟齬があったのか。また、前述の展覧会作品である、シュスターマン自身の身体が登場する作品の映像や絵画は、私たちの考える美術とはかなり距離があることも指摘された。美術観の相違が理由だったのかもしれない。学生たちの振り返りを聞いていて私が書いたメモには、「美術が成立する場は入力と出力ではない。次元の転換。」とある。身体感性論は、美術制作者が求めるものとは何かが違うということだったのだろうか。今思えば、当時の私自身が、美術制作への触発の複雑さを全く理解していなかったことが大きな原因であると言える[17)]。この「失敗」からむしろ考えるべきは、美術制作行為へと身体が触発されて、制作者自身が変容するとはどのようなことなのかという、すぐれて美術教育的な問題である。そのことに気づいたのは、後に出会うことになる Arts-Based Research によってである。

2．Arts-Based Research へ

Arts-Based Research（以下 ABR）は、学術的な研究のプロセス（データの収集、考察の手法、アウトプットなど）に芸術実践を組み込むもので、2010 年代以降大きな広がりを見せている[18]。日本においても実践の具体例を含んだまとまった研究が出てきている[19]。学術的研究と芸術実践とを統合的に捉えることで既存の学問方法論を問い直そうとする点において、理論と実践を接続する身体感性論と目指す方向を同じくしている。一人の人間が芸術家・研究者・教育者を同時に担いつつ研究を進めるアートグラフィー（a/r/tography）を提唱しているリタ・アーウィンが、「特定の思考を追求するというよりも、思考と実践をその可能性へと拡張していく」ものとする living inquiry（生きた探究、あるいは探究を生きること）[20]は、生きる技法（art of living）としてプラグマティズム哲学の可能性を追求するシュスターマン[21]とも呼応するものと言えよう[22]。

2014 年に ABR を授業で紹介したところ、今度は様々なことが起こった。2015 年にはおそらく日本で初めて ABR をタイトルに含む展覧会（ABR/RBA 展）を学生たちが自主的に企画し、アートグラフィーに触発されて A/R/T 研究会を立ち上げるということも生じた。そのときから今日に至るまで、私自身も ABR に携わっている[23]。

上で見たように、同じような方向性を志向しているにも拘わらず、なぜこのような違いが生じたのか。学生たちは毎年入れ替わるので一概には言えないにしても、美術制作者にとっての実践はあくまでも美術制作であり、その身体は「制作する身体」であるゆえではないか。身体の感覚を高める実践は、文献やデータに依拠して研究を進める哲学や工学などの学生に対しては、身体のこわばりに気づかせ、感情や情緒に目を向けて習慣の再構成を促すものとして機能するだろう。一方、美術制作を研究として行っている美術系大学の大学院生にとっては、制作実践が中心にある。文献を読むこと、モチーフを探して歩くこと、技法や素材について研究することなど、さまざまな要素が折りたたまれてあるのが「制作する身体」である。「制作する身体」は、素材や道具、あるいは作られつつある作品を前にして、それとのやりとりの中で、自己の身体感覚や、感情あるいは情緒に気づいていく。「身体感性論的訓練」は、美術制作から切り離して身体に働きかけようとしたところにそもそも無理があったのではないか。

樋口は、「スポーツ実践者は身体運動の中において身体の両義的な分裂を体験する」という。すなわち、「主観—身体と客観—身体の間」で、「身体が身体を感じる」という「身体の二重性、両義性が生起している[24]」。スポーツに熟達するということは、その分裂した両義的な身体のズレが小さくなっていくことなのであろう。美術制作においては、そこに素材や道具や作品といったモノが介在する。モノは、主観—身体の意のままになるわけではない。もちろん制作における技術的熟達はある。だが、どれほど主観—身体と客観—身体とのズレが小さくなって思ったように体を動かせたとしても、作品がイメージした通りになるわけではない。技術的熟達によって「制作する身体」が変容するのにともなって、制作者のイメージも組み変わるからである。また作品は、制作者から一定の距離をもって制作者の外部に成立して作品となる。つまり「制作者する身体」の分身ではない。にも拘わらず、作品を制作することで、「制作する身体」は変容していく。

3．芸術作品と「制作する身体」

制作者は、自らの手で作品に働きかけているにも拘わらず、しばしば、作りつつある作品から働き返され、作らされているかのように語る[25]。制作の最中にあっても、自らの作品をあたかも自分とは一定の距離のあるものとして捉えている。あるいは、「作者であることの事後性」と言ってもよい[26]。それゆえなのだろうか、制作者の感覚を言葉にしようとすると、フィクションや他者の言説に仮託する、あるいは、自らとった記録であってもそれを別の視点から編集して示すことになる[27]。

作品は、「制作する身体」が表出されたものではない。それは例えば彫刻制作において、木や石や漆といった自然素材が独自のリズムをもっていて人間の意のままにならないからなのだろうか。そういう面もあるかもしれないが、必ずしもそれだけではない。自らの身体でパフォーマンスをする表現者であったとしても、表現としての私は、表現する私と同じでありつつ別のものとしてある。

芸術作品はなにゆえに「制作する身体」の分身になりえないのか。それは芸術作品が何かを指し示すものであるからだと考える。A. ダントーは、ウォーホルの《ブリロ・ボックス》のように、現実にすでにある物と見た目では区別できなくても、それが芸術作品でありうるのは、それが「何かについてである」

からだとする。「芸術作品は、たとえば単なる現実の物である対応物をもっているにせよ、何かについてである（または、それが何についてかという問いが正当に生ずる）という点で語と同類とするのが論理的に正当であるということである。クラスとしてのアート作品は、『他のあらゆる意味では』現実であるにしても、語とまったく同じ意味で現実のものと対照的である[28)]」。芸術作品は何かを指し示している。何を指し示しているかは直接的には見えないし、指し示しているということ自体もわかりやすいわけではない。指し示しているその先は見えないが、矢印だけは何とか見えると言えばいいだろうか。

私は以前、美術という教科を子どもの内奥と結びついた「真理性の開示」と述べて[29)]、樋口から「存在論的議論の本質主義的で基礎づけ主義的な方向性」だという批判を受けた[30)]。「真理性」などという言葉を安易に使い、またそれを子どもの内奥に結びつけたことは間違いであったと思う。ABRを通じて制作行為において生じているのは、「制作する身体」とそれを取り巻く外的条件、あるいは蓄積された様々なイメージや言説などとの間でなされる無数の判断であるということが見えてきたからである。芸術制作は芸術的知性に貫かれた思考や探究の行為である。同時にそれは感覚や感情とも切り離せない。「制作する身体」とは、そうした思考や探究、あるいは感覚や感情が襞のように折りたたまれたところに成立している。どのようにすればそうした身体は変容するのか。もはや紙数が尽きてきたが最後にそのことを考えたい。

おわりに

芸術制作行為は、「制作する身体」に折りたたまれた思考や探究、感覚や感情を開きつつ、再びそれを何らかの作品へと折りたたむことである[31)]。だとすれば、「制作する身体」の変容は、同語反復だが制作を通してしか起こらない。一方で、作品制作は、「制作する身体」の表出ではなく何かを指し示すものである。先にも見たように、指し示す先はそれとして示すことはできず、名づけるのも難しい。何も言ったことにならないのかもしれないが、それはやはり芸術なるものと言うしかない。W. ベンヤミンの言う「純粋言語」のように、それを直接捉えることはできず、個々の芸術作品がそこを志向する身振りに触れることができるだけである[32)]。またも本質主義の誹りを逃れられないかもしれないが、捉えることができないその芸術を志向する身振りを通して、制作する身体は組み替わる[33)]。

多様な展開を示しているABRにおいて、芸術系大学で行っている私たちのABRは、芸術活動を通して芸術について考える同語反復的な特徴を持っている。制作者の思考や感覚を開示する方法を模索しているのは、芸術を志向するその身振りを捉えようとしているからだと言えるだろう。そうした芸術作品の志向性が他者に伝わるとしたら、入力—出力モデルではなく触発モデルによってでしかない。

ここまで述べてきたことは、樋口の考える「生の技法としてのアート[34)]」、あるいは、「〈世界〉〈他者〉〈自己〉の構築としての学び」をもたらすような「表現者」の育成[35)]といった明確な方向性を示すところまではまだまだ到達し得ない、試論である。美術制作者とともにその制作実践に即して研究を続けていくことで、もうしばらくは「制作する身体」の内実をさぐる課題に取り組んでいきたい。

付記

本稿は、JPSS科研費（18H00622、18H01010）、及び永井エヌ・エス知覚財団の助成による研究の一部です。

《注》

1） この試みがどの程度成功したのか判断する立場にはないが、つい先頃出版された美学会編『美学の事典』（丸善出版、2020年）に「身体美学」という項目が立てられ、樋口が執筆していることは非常に重要なことだと考える。

2） 樋口聡『遊技する身体—スポーツ美・批評の諸問題』大学教育出版、1994年、8頁。

3） 樋口は「体育とスポーツは質的に全く異なる概念である」（『身体教育の思想』勁草書房、2005年、5頁）としている。外来の「sportという運動（競技）を教育的に価値あるものとしてその地位を高めようという意図などによって」スポーツと体育とを混同させていく事態が生じ（同上、105頁）、それゆえに体育学でスポーツが研究されているという。

4） 樋口聡編著『教育における身体知研究序説』創文企画、2017年、2頁。

5） 小松佳代子「かたり・ふるまい・教育」『流通経済大学体育指導センター紀要』創刊号、2005年、「場所・身体・美術教育」美術教育研究会『美術教育研究』第14号、2009年、科研（挑戦的萌芽研究）「美術とスポーツにおける身体観の相違についての理論的・実践的研究」（研究代表者 小松佳代子 2009-2011年度）。

6） 「プラグマティズム 身体感性論 コンテンポラリーアート」2013年6月5日。

7） 樋口聡「学習論として見た『身体感性論』の意義と可能性」（『広島大学大学院教育学研究科紀要』第一部第51号 2002年、後に前掲『身体教育の思想』所収）、R. シュスターマン「身体意識と行為—身体感性論の東西」『思想』1060号、2012年、R. Shusterman, *Thinking through the Body: Essays in Somaesthetics*, Cambridge U.P. 2012など。

8） R. Shusteman, *Pragmatist aesthetics : living beauty, rethinking art*, Blackwell, 1992（秋庭史典訳『ポピュラー芸術の美学—プラグマティズムの立場から』勁草書房、1999年）.

9） R. シュスターマン「感性の越境—芸術と生活を通じたプラグマティズムの哲学」（大石昌史訳）三田哲学会『哲学』第131集、2013年参照。東京藝大での特別講演でもこの展覧会についての紹介がかなりのウエイトを占めていた。

10）R. Shusterman, Somaesthetics and Education,『広島大学大学院教育学研究科紀要』第一部第 51 号、2002 年、23 頁、抄訳が樋口聡ほか『身体感性と文化の哲学―人間・運動・世界制作』勁草書房、2019 年に所収。

11）R. Shusterman, Somaesthetics in the Philosophy Classroom: A Practical Approach, in; Shusterman, *op.cit.*, 2012, chap. 5.

12）樋口 前掲書、2005 年、150 頁。

13）R. Shusterman, *op.cit.*, 2012, p. 3.

14）小松 前掲論文、2009 年、5 頁。

15）R. Shusterman, Somaesthetics: A Disciplinary Proposal, *The Journal of Aesthetics and Art Criticism*, 57(3), 1999, pp. 302-304.

16）実際、シュスターマンの言葉には全く従わず、自由に自分の心地良い動きをしていた学生がいた。またセッション後の振り返りの授業では、「自由になりたかった」という意見も聞かれた。

17）美術家が作品制作のコンセプト生成においていかに複雑な触発の下にあるかについては、髙木紀久子・岡田猛・横地早和子「美術家の作品コンセプトの生成過程に関するケーススタディ―写真情報の利用と概念生成との関係に着目して」『認知科学』第 20 巻第 1 号、2013 年、横地早和子『創造するエキスパートたち―アーティストと創作ビジョン』共立出版、2020 年など参照。

18）詳しくは、P. Leavy, *Handbook of Ars-Based Research*, Guilford, 2018、小松佳代子編著『美術教育の可能性―作品制作と芸術的省察』勁草書房、2018 年など参照。

19）慶應義塾大学三田哲学会『哲学』第 138 集「特集 アートベース社会学へ」、2017 年、岡原正幸編著『アート・ライフ・社会学―エンパワーするアートベース・リサーチ』晃洋出版、2020 年、笠原広一・R. アーウィン『アートグラフィー―芸術家／研究者／教育者として生きる探求の技法』ブックウェイ、2019 年。

20）R. Irwin, et.al, A/r/tography and Living Inquiry, in; Leavy, *op.cit*., 2018, p.40.

21）R. シュスターマン『プラグマティズムと哲学の実践』（樋口聡・青木孝夫・丸山恭司訳）世織書房、2012 年。

22）ABR の出発点は 1993 年にスタンフォード大学で E. アイスナーと T. バロンが行った教育研修会にある（T. Barone ＆ E. Eisner, *arts-based research*, Sage, 2012, p.ix）。アイスナーがこの考え方に至るにあたって、J. デューイの『経験としての芸術』が大きな影響を与えている。この点については、小松佳代子「ABR の由来」（笠原広一他編『アートベース・リサーチ：理論と大学教育への展開』学術研究出版 Bookway、2021 年所収予定）参照。

23）理論的な研究と並行して展覧会やワークショップなどを ABR の実践として行っている。小松佳代子・櫻井あすみ「美術制作におけるアトラス的な知―空間と時間のレイヤー」『長岡造形大学紀要』第 17 号、2020 年、齋藤功美・小松佳代子「親縁性―芸術的知性の一つの形」『長岡造形大学紀要』第 18 号、2021 年、K. Komatsu ＆ R. Namai, 'Art=Research: Inquiry in Creative Practice' in; K. Komatsu et. al eds., *Arts-Based Method in Education Research in Japan*, Brill (Forthcoming)。展覧会については、科研費研究成果報告書『判断力養成としての美術教育の歴史的・哲学的・実践的研究』（研究代表者 小松佳代子）2021 年参照。

24）樋口 前掲書、1994 年、191 頁。

25）例えば生井亮司「表現する身体・生成する自己」東京藝術大学美術教育研究室編『美術と教育のあいだ』東京藝術大学出版会、2011 年。

26）森田亜紀『芸術の中動態―受容／制作の基層』萌書房、2013 年参照。

27）2020 年度、永井エヌ・エス知覚財団助成金によって「制作者の感覚を伝える言葉の研究」を 11 人の制作者と 1 人のワークショップファシリテーターとともに始めた。まだその研究をまとめる段階にはないが、現在出されているのは、フィクションを含んだ制作日記、自伝的小説のような文章、制作者同士の交換日記、イメージが集積する ZINE、制作ログの編集などである。

28）A. ダントー『ありふれたものの変容』慶應義塾大学出版会、2017 年、126 頁。

29）小松佳代子編著『周辺教科の逆襲』叢文社、2012 年、第 2 章。

30）樋口 前掲書、2017 年、136 頁。

31）小松佳代子「折り畳むこと、開くこととしての美術教育」科研費研究成果報告書『教育空間におけるモノとメディア―その経験的・歴史的・理論的研究』（研究代表者 今井康雄）2018 年参照。

32）齋藤・小松 前掲論文、2021 年参照。

33）分析哲学に立って芸術の定義を打ち出そうとするダントーに依拠する本稿は、プラグマティズムを自らの「哲学・美学の基本」とする樋口（本書まえがき）と相容れない面がある。それは、先に見た樋口から拙稿に対する批判に端的に表れている。同時に、芸術実践から生きた探究を起ち上げていこうとする ABR に対しても、虚焦点的にせよ芸術なるものを志向しようとする私たちの ABR はあるズレを持っている。大きく展開しつつある様々な ABR に対してどういうスタンスをとるのか、この点については今後考えていきたい。

34）樋口 前掲書、2017 年、129 頁。

35）同上、131 頁。

第二章

身体を通して考える
―人文学のための教育―

リチャード・シュスターマン（裵芝允訳）

I

「人文学は何であり、それはどうあるべきか」。この肝心な問題は、人文学がどれほどの範囲において解釈、追求されるべきかによって意見が異なるだろう。まず、人文学は、第一に、ギリシア・ローマの古典研究を意味し、今やそれは、より一般的に、芸術、文学、歴史、哲学に渡る[1)]。しかし、それに社会科学も同様に含まれるのだろうか。多くの場合、社会科学は人文学とは区別され、より科学的な地位を誇る別の学問分野として分類される。また、人文学研究の探究は、権威のアウラを持ち、高潔さを打ち立てる伝統的な方法や上位文化といったテーマに焦点を当てるべきか、あるいは、大衆文化、人種、ジェンダー研究のような、より斬新な学際的研究にまで拡張されるべきか。

このような疑問や議論はさておいても、人文学の意味が本質的に、私たちの人間的状態や人間性と、その表現を完成させようとする努力に関係していることは、（語源からも）明らかである。しかし、それでは、人間であるとはどういうことか。私はこのような複雑な難問に適切に答えることがここではできない。しかしながら、身体は、人間性における不可欠で価値ある次元であるため、人文学的研究と経験的学習の重要な主題として認識されなければならない、ということを私は主張する。本論考の真理は明らかであるはずにも関わらず、それは人文学に対する私たちの伝統的な理解の性質とははっきりと相反する。このような反身体的な偏見の顕著な例が、ドイツ語話者がいう、まさに人文学を示す用語、*Geisteswissenschaften* である。この語の英語の直訳は、「精神的な科学」であり、これは（もちろん、身体が明らかに関連する）身体的生活の意味を含意する自然科学を示す用語、*Naturwissenschaften*とは対照的である。したがって、身体的—精神的、といった二項対立が蔓延している中で、身体は、私たちの人文学的研究の概念において根本的に除外されるか疎外される[2)]。

私たち人文学者は一般的に、精神生活と人間の心を表現する創造芸術に熱中するあまり、身体を当然のこととして受け止めている。しかしながら、身体は、私たちの人間性における本質的な次元であるだけでなく、すべての人間行為の基本的手段、道具の道具であり、私たちのすべての知覚・行為、さらには思考においてまで不可欠とされる。熟練の建築家が道具の専門知識を必要とするのと同様に、芸術と人間科学における理解やパフォーマンスを向上させるために、また、最高の芸術—人間性の完成という芸術、生き方の向上という芸術—の習得に前進するためにも、よりよい身体的知識が必要となる。真の人間性は、単に与えられた遺伝子ではなく、身体、精神、文化が全体的に統合されるべき教育的達成であるがゆえに、自分自身や学生を高めるためには、身体を通してより思慮深く考えなければならない。このような身体的探究のプロジェクトを遂行するために、私は「身体感性論 somaesthetics」という学際的な領域で研究を続けてきた。その学際的つながりは、人文学を超え、生物学、認知・健康科学にまで及び、私はこれらを人文学研究における大切な味方であると考える[3)]。

身体感性論は、身体を感性的受容（アイステーシス）と創造的自己形成の場と捉える。身体の理論と実践の改良的な学問分野として、身体感性論は、身体に関する抽象的、言説的な知識のみでなく、私たちの生きた身体の経験や行為までをも豊かにすることを目指す。つまり、動きの理解、効率、美を向上させること、また、私たちの運動がその原因の一部となり、そこから運動の原動力と意義が導き出される、環境を改善させることを目指す。したがって、身体感性論は、そのような身体への配慮の構造化や向上を可能にする広範囲の知識形態や実践方法を含んでいる。身体、精神、文化が、相互依存的な深い関係であることを認識することにより、身体感性論は各研究を統合する学際的研究プログラムを構成する。精神生活は身体的経験に依存しており、それは身体的プロセスに完全には還元されないにせよ、全体的に切り離すことはできない。私たちは自分の身体、特に脳や神経系を構成する部分で考えたり、感じたりしている。身体も同様に、精神生活に影響される。例えば、ある想いは、頬を赤らませ、心臓の拍動や呼吸のリズムを変化させる。身体－精神の関係が非常に密接なため、身体と精神を各々異なる独立した単位としてみることが間違った認識にみえるほどである。「身体－精神（body-mind）」という用語は、両者の本質的な結合をより適切に表しているとは思うが、行為における精神的側面と身体的側面の実際的な区別の余地、また、身体と精神の統合を経験的に向上させるプロジェクトのための余地が、その用語には残されている[4)]。

しかしながら、身体－精神であれ、身体と精神であれ、私たちは根源的に文化が形づくったものを扱っているのである。文化は、言語、価値、社会制度、芸術的メディアを私たちに与え、私たちはそれらを通して思考し、行動し、感性的（aesthetically）に自分自身を表現する。同様に、文化は、私たちに食事、運動、身体的スタイルの形式を与え、それらを通して私たちは、外見や行動だけでなく、自分の身体－聖なる器であれ、罪深い肉体の重荷であれ、また、個人的な快のための大切な所有物であれ、社会的利益に奉仕するための労働の手段であれ―を経験する方法をも形づくる。逆に、思考や行動の身体化された生き生きとした力なしには、文化―その制度や人文学的な業績―は、繁栄できないどころか、生き残れない。そして、生活や人間性の文化の質を測る尺度の一つは、その文化が促し、示している身体－精神の調和のレベルである。

身体感性論の持続的な進展のために、人文学における身体中心の学習や実践的トレーニングへの抵抗が克服されなければならない。それが、この第一章の第一の目的である。したがって、身体感性論について語る前に、この抵抗に対して説明し、それに立ち向かうべきである。身体が、私たちが人間であることの根本的な両義性をあまりにも強く示しているがため、また、生において染み渡っている避け難い身体の道具性がために、身体が人文学から拒否されてきたという、この逆説的な主張について、私は論じようとする。より高尚で、脆弱でない、結果的に偏ってしまった人間像を目指す中で、人文学研究の伝統は、暗黙のうちに身体を敬遠してきた。それと同じように、重要な知的・道徳的目標に焦点を当てる人文学研究は、それら目標や他の価値ある行動の目的を達成するために、まさに必要な身体的手段に関する研究を曖昧にさせ、疎外させる傾向がある。

II

生きている身体、つまり、単なる機械的な肉体ではない感覚、知覚する身体は、様々な側面における人間存在の本質的な両義性を体現している。まず、身体は、客観と主観という私たちの二重的状態―世界における何かのものと、世界の中で経験し、感じ、行為する感受性―を表す。私が人差し指で膝のこぶを触る時、私の身体的志向性や主体性は、探索の対象としての身体の部分の感覚に向けられる。私は、身体であると同時に、身体を有する。私の経験上、身体は単に知覚や行動の透き通る源であり、意識の対象ではない。身体は、そこから、また、それを通して、私が注目する世界の対象を知覚し、操作するものであって、知覚の背景条件として曖昧に感じられることはあっても、明示的な意識の外的対象として把握されることはない。しかしながら、私は、しばしば自分の身体を私自身であるものより、私が所有しているものとして知覚する。例えば、私がやりたいことをするためにベッドから持ち出さなければならない何か、何らかの遂行のための命令対象であるがしばしば失敗する何か、重い手足、ぜい肉、たまには痛む腰、多くの場合ひげを剃っていない疲れた顔を含む何かといった具合に、私のものとして認識はするが、本当にそれが私であると同一視はしないものである。

また、身体は、同じ生物の種であることと、個人間の差異という人間存在における両義性を表す。哲学者たちは理性と言語を人間の特徴的本質として強調してきた。しかしながら、人間の身体化もまた、人間性の普遍的・本質的条件のように思われる。あなたがある人間存在を想像しようとするとき、人間の身体のイメージを呼び起こさずにはいられないだろう。人間の言語と行為を示すが、全く異なるからだを持つ生き物を想像する際、私たちは人間ではない別のもの、怪獣、人魚、ロボット、エイリアン、天使、もしくは、魔術的呪文のようなものによって人間性を奪われた人（「美女と野獣」といった寓話のように）として考えるだろう[5)]。

しかし、身体は、私たちを人間として統合する一方で、(身体的構造、機能的実践、社会文化的解釈を通して)私たちを分類をもする。つまり、私たちは、異なる性、人種、民族、階級、さらには特定の個人としてまで分類される。私たちはみな、足で歩き、手で物を握るが、歩き方や指紋はそれぞれ異なる。他の動物に比べて、私たちの経験や行動は、僅かに遺伝的に仕組まれている。同じ種の鳥は北京でもパリでも同じように鳴くのに対し、人間の発声パターンは、経験された環境における学習に依存しているため、大きく異なる。このような個別的経験の大きな役割には、解剖学的な理由がある。大脳皮質と脊髄を繋ぎ、発声を含むすべての随意運動に欠かせない錐体路は、出生時に完全に形成、固定されるわけではなく、乳児期にさせられる運動を通して発達され続ける[6)]。個人の神経系（個人にとって好ましいレパートリーの神経経路）の精密な枠組みは、部分的には、個人的な経験と文化的条件の産物である。したがって、身体は、人間の特性が常に単なる自然的なもの以上であることを示している。

身体間の共通点と相違点は、社会的意味を深く込めている。私たちが民族や文化の異なる人々に善意の手を差し伸べるとき、共通の身体的な様子、経験、ニーズ、苦しみに訴える。しかし、その身体（肌色、髪色、顔の特徴、さらにはジェスチャーを通して）は、一方で、私たちの違いを強調し、非人道的なプロファイリングを行うための主要な場でもある。多くの民族的、人種的敵意は、理性的思考によるものではなく、深い偏見による産物である。その偏見は、異質な身体によって呼び起こされる漠然とした不快な、暗黙のうちに経験される感情、そして、顕在的意識の水面下に染み付く感情として、身体的に現れる。そのような偏見や感情は、寛容さのための言説的な議論などでは、深層的な態度の変容を伴わない理性的なレベルで受け入れられることはあっても、その修正には抵抗する。私たちは、そうした感情に気づかないゆえに、自分自身も偏見を持っていることをしばしば否定する。偏見を制御し、最終的には無くすための最初の一歩は、自分自身の中にある偏見を認識するための、身体的な気づきを磨くことである。このように、気づきを向上させるスキルの高めることが、身体感性論の中心的な課題である[7)]。

身体は、力と虚弱さ、価値と恥、尊厳と残忍さ、知識と無知などの間における、相反する多面的な人間条件を、典型的に示す。私たちは、人間性という概念に訴えて、単なる動物性を超えた道徳的卓越性と合理性の方へ人を向かわせる一方で、「人間」を述語として用いて、欠陥、失敗、卑劣な、さらには、獣のような行為への陥りを説明し、言い訳をする。それらの人間の弱点は、私たちが獣と共有する肉体の弱点と結びついた限界である。動物的な性質を持つ一方、身体は、人間尊厳の象徴としての役割をも果たしており、この象徴は、芸術の美しい形態として身体を描写しようとする、また、神々でさえ人間の姿で描こうとする、抑えきれない意欲において現れている[8)]。身体の尊厳を尊重することは、部分的に、人間性や人権の基本的尊重を築く。それは、生命の権利や、身体の自由空間（*Lebensraum,* kinesphere）を確保するためにお互いが一定の物理的距離を置くという暗黙の了解において顕著に現れる。さらに、死においても身体は尊重される。ほとんどの文化で、土葬や火葬などの威厳ある葬儀で遺体を送り出す。

聖パウロが「私の内に、すなわち、私の肉の内に、善なるものが宿っていない」（ローマ書 7:18）と公言しているように、道徳主義者は、しばしば身体を正義の敵として猛烈に批判する。肉体の脆弱性により道徳的な向上心をなくすことも多いが、私たちの倫理的な概念と規範（そして、それを支える人間性の概念そのものでさえも）は、自分自身の身体を経験する方法や他人がそれを扱う方法を含む、生活の社会的形態に依存しているということを自覚しなければならない。ウィトゲンシュタインは彼の *Notebook* において奇妙に残忍な一節を述べている。

> ある人を完全に切断し、手と脚、鼻と耳を切り落とし、彼の自尊心や尊厳の何が残るか、そして、どの時点まで自尊心や尊厳の概念がどこまで変わらずいるかを見てみよう。こうした概念が習慣的で正常な状態の身体にどれほど依存しているのかについて、私たちは全く気づいていない。もし、私たちの舌が輪で通され、鎖を結ばれたとしたら、自尊心や尊厳はどうなるだろうか。その際、どれだけの人間性がその人の中に残っているだろうか。[9)]

常に身体が切除され、飢え、虐待される世界では、義務、美徳、慈愛、他者への敬意といった私たちに馴染みのある概念は、根拠と意味を失う。また、身体能力は、自分自身や他人に期待できることの限界を示し、それによって道徳的義務や要求の範囲を決定する。身体が麻痺していれば、溺れている子どもを助けるために飛び込む義務はない。美徳は、休息や栄養を与えずに働き続けることを求めない。休息や栄養などの欲求は、身体的に必然的なものである。

身体は、社会的規範や道徳的価値の基盤となるだけでなく、それらが社会に伝達され、刻まれ、持続するための不可欠な媒体であり、道具でもある。倫理規範は、身体的な性質や行動に組み込まれて生かされるまでは、単なる抽象的な概念に過ぎない。適切に実現される倫理的な美徳は、身体的な行為（言語行為を含めて）だけでなく、適切な感情を持っていることを示す、ふさわしい身体と顔の表現にも依存する。堅苦しい、怒りの顔での贈り物は、真の思いやりや敬意の行為とは言えないのであり、この理由で、孔子は適切な態度こそ美徳の不可欠な要素であると主張したのである[10)]。

さらに、社会的規範や道徳的価値は、身体に刻まれることで、法律で明示し、強制する必要なくその力を維持できる。それらは、私たちの（身体に根ざした）感情の習慣を含む身体的習慣を通して、暗示的に観察され、実行されるのである。したがって、孔子は、規範的な徳は「儀礼の作法と音楽のリズム〔樂節禮樂〕」によって身体的に形成されると主張し、徳の調和の力は、法律や脅迫、罰によってではなく感動を呼び起こす模倣や愛によって発揮されるという[11]。対照的に、ミシェル・フーコーやピエール・ブルデューは、社会的な身体化の抑圧的な側面を強調する。支配のイデオロギーのすべては、身体的規範として符号化されることによって身体的習慣として密かに実現・保存されることができ、一般的に当たり前のこととされ、批判的な意識から逃れられる。ある与えられた文化のうちの女性は、やわらかく語り、丁寧に食事をし、足を閉じて座り、男の後ろを歩き、ベールで覆われ、頭を下げ、目線を低くした状態でのみ目線を向けるべきである、といった規範は、性的抑圧を体現し、強化するものである。このような微妙でとらえがたい種類の支配は、特に抵抗し難い。なぜなら、私たちの身体がその支配を深く自分のものとし、身体が身体そのものへの抵抗に反して、不快感を覚えるからである。例えば、ある若い秘書が、自身より優越者として尊敬するように身体的に慣らされてきた相手に対して、抗議の声を上げようとするとき、無意識のうちに赤面したり、震えたり、たじろいだり、泣いたりさえするように、である。したがって、抑圧への抵抗を成功させるには、その支配を表現する身体的な習慣と感覚への身体感性論の診断を伴うべきであり、そうすることで、それらの習慣と感覚、また、それらを生み出す抑圧的な社会的状況を克服できる。

私たちの倫理的な生活は、さらに基本的な意味で身体に根ざしている。倫理は選択を含意しており、したがって、その選択は選択の自由とそれに基づいて行動する自由を含む。私たちは身体的な手段なしには行動することはできない。たとえその手段が（技術の驚異によって）選択した行動を遂行するために、ボタンを押したり、目を瞬きしたりすることに限られたとしても、である。身体は、作用因や自由という概念そのものの根源であるかもしれない。自分の思う通りに身体を動かすこと―手を挙げ、頭を回すなど―以上に、より良い、より根本的な、自発的、または意志のある行動[12]の典型があるだろうか。単なる動きだけでなく、目や口を開けたり、呼吸を整えたりするといった、自分の身体を動かすことの自由以上に、より明確で、より直接的な自由の感覚を与えてくれるものに何があるだろうか。生命はある種の生き生きとした動きを意味し、動くことの自由は、おそらく、自由のより抽象的な概念すべての根源である。一方で、身体はその本質的な両義性により、私たちの不自由もまた、明らかに象徴する。つまり、それは、私たちの行動における身体的な制約であり、例えば、私たちに負荷をかけ、私たちの行為を制限する、肉体的な塊、要求、失敗、または、老化と死という容赦ない退化である。

倫理学や行為から、認識論へ目を転じても、身体は人間の両義性の象徴であり続ける。認識の不可欠な根源であると同時に、それを制限する、乗り越えられない壁でもある身体は、知と無知という人間の状態を典型的に示す。なぜなら、私は身体として、私が存在する世界の中で、モノの中のモノとして在り、モノの世界もまた、私に対して存在し、理解可能であるからである。身体は世界の対象やエネルギーから徹底的に影響を受けるため、身体にはそれらの規則性が織り込まれており、反省的思考に入り込むことなく、それらの規制性を直接的、実質的な方法で把握することができる。さらに、世界を見るためには、何らかの視点から見る必要があり、その視点とは、私たちの地平線と観測の方向性を決める位置である。それは、左と右、上と下、前と後ろ、内側と外側の意味を定め、最終的には、私たちの概念的思考におけるこれらの意味の、比喩的な外延を形づくる。身体は、時空間領域と社会的相互作用の領域の両方に位置することで、原初的な視点を与える。ウィリアム・ジェームズは、「身体は台風の目であり、調和（co-ordinate）の起源であり、連続する経験の緊張が絶えず続く場である。すべてが身体の周囲を回り、すべてが身体の視点から感じられる」と述べる。ジェームズは続いて、「経験された世界は、常に身体をその中心として、視野の中心、行動の中心、関心の中心として、やってくる」と言う[13)]。

しかし、どのような視点でも限界があり、身体によって与えられた視点も同様に限界を持つ。それは、身体の感覚的遠隔受容器のすべてが、感覚的な範囲と焦点という限界を持つからである。目は頭の前方に固定されているため、反射装置がなければ、頭の後ろも、私たち自身の顔も見ることができず、また、前後、左右、上下を同時に凝視することもできない。哲学は、周知の通り、身体とその感覚を知識の道具とすることを徹底的に批判してきた。ソクラテスがプラトンの『パイドン』において、哲学の目的を「知る心を欺く身体的な牢獄から分離すること」と定義した時以来、身体的な感覚や欲望は、私たちの判断を誤らせ、真理の追求から注意を逸らすものとして、幾度も非難されてきた。しかし、（ソクラテスの別の愛弟子である）クセノフォンによると、ソクラテスは、実はより身体親和的な見方を主張しており、人間のいかなる遂行においても身体は原初的で不可欠な道具であるため、身体的修行が必須であることを知っていたという。ソクラテスは次のように言明する。「身体は、人間のあらゆる活動において肝要であり、その全ての使用において、可能な限り健康であることが非常に重要である。身体からの援助が最低限であるとされる思考においてさえも、重大なミスが身体の不調によって起きることが多いことは、誰もが知っている[14]」。

ここで、基本的な身体感性論の論理は、（他のギリシア思想家も同様に主張したように）感覚の欺瞞のゆえに身体を拒まず、むしろ、私たちは、身体的意識と自己使用（self-use）を磨くことで諸感覚の技能的パフォーマンスを修正しようと試みるべきである、ということである。それは、また、私たちにより優れた知覚の感覚や行動力を与えて、私たちの徳を高めることにもつながる[15]。知恵と徳のための身体的訓練への支持は、アジアの哲学的伝統の中においてより顕著である。その中で、自己修養は、独自の身体的次元を含んでおり、儀式的・芸術的（両方とも高度に身体化された用語である）実践を通して、具体的には、身体的訓練（例えば、呼吸法、ヨガ、座禅、武術など）を通して、その身体的次元を高め、身体－精神の調和、礼儀正しい振る舞い、適切な行動のための優れた能力を身につけることを目指す[16]。孟子が述べているように、身体への配慮は、私たちの基本的な課業であり、それがなければ、他のすべての務めや義務をうまくこなすことができない。「身体の機能は自然［または、天］の贈り物であるが、賢者のみがその機能を適切に操作できるのである[17]〔形色天性也　惟聖人然後可以踐形〕」。

もし身体が、主観と客観、力と脆弱性、尊厳と侮辱、自由と制約、共通と差異、知識と無知といった、人間の両義的な状態を捉えているとすれば、なぜ現代の人文哲学は、この両義性の肯定的な側面は当然視し、その弱点は強調することにより、身体を否定的に疎外する傾向にあるのだろうか。その理由の一部には、身体が明確に象徴している、死すべき運命や脆さといった、人間の限界を受け入れることへの深い抵抗がある。人文学分野は最初、神学の研究と対照をなして、登場したにもかかわらず[18]、人文学の思想家たちは人間であることに満足しているようには見えず、死すべき運命、弱さ、過ちを超えて、神のように生きたいと密かに欲する。身体的な生活ではそれが許されないため、彼らは精神に焦点を当てた。

「超越（transcendence）」は、自己を超えようとする衝動としての人間存在の基本であり、それは確かにプラグマティズム改良主義の中心であるが、超自然的な用語として解釈される必要はない。私たちの存在そのものは、他の何かになろうとする流動的なものであり、それは自己向上という道徳的な意味としても建設的に解釈され得る。人間性の別の側面と同様に、超越は、身体の基本的な運動の欲求において、例えば、栄養、生殖や、行為の場を求めて身体が世界に近寄ること、また、身体の発達的な成長における自然的な規範の設定や生理学上の自己変容において、特有の身体的表現を有している。基本的には、直立の状態では頭部が重いため、生きている身体は静止することよりも動作を通して、より容易に動的平衡を保つ[19]。休息中であっても、身体は静止しているものではなく、複数の動作の複雑な場、生命のうねり、エネルギーの投影であり、ベルクソンがいう「エラン・ヴィタール〔生の躍動〕(*élan vital*)」なのである。

III

身体の道具的な機能は、語源的には、ギリシア語の「道具」を意味するorganonに由来する、「有機体 organism」や「器官 organ」といった用語で示されている。そのため、人文学者が身体概念を支持し、身体の修養を主張する際の観点は、身体の道具性、生命を持続させる役割、魂と同一視される人間性のより高次の機能への貢献といったところにある。例えば、ルソーは、「魂に従うためにはからだが丈夫でなければならない」、なぜなら、「良い召使はたくましくなければならないからである…からだが弱ければ弱いほど、より多くを指示し」、かくして「脆弱なからだは魂を弱める」という。からだを鍛えることは精神の発達に役立ち、からだは感覚を通して精神を豊かにし、活気を与える。したがって、「[人間が] 自分自身を維持するために必要な以上の力の余剰がある場合のみ、この過剰な力を転用することに適した投機的機能を持つようになる…それゆえに、思考することを学ぶためには、われわれの知性の道具である私たちの手足、感覚、器官を鍛える必要がある[20]」。「人間のからだは」、後にエマソンが再確認しているように、すべての発明の源であり、「地球上のすべての道具やエンジンは、からだの手足と諸感覚の延長であるにすぎない」のである[21]。

身体が、人間性の原初的で不可欠な道具として認識されるためには、人文学的な身体の修養のための明確な論点が構成されなければならない。しかしながら、残念なことに、人文学的な文化においては、道具性という概念そのものが劣等の意味合いを強く保ち、尊い目的に奉仕する機械的な手段として対比される。このネガティブなニュアンスは、古代ギリシア哲学や、現代にも続く伝統的なキリスト教神学から類推された、ルソーの、魂に仕えるものとしての身体、といったイメージに見受けられる。さらに、より高次な機能への道具的な召使といった比喩は、しばしば身体を「ジェンダー化」させることに結びつけられる。つまり、身体の劣等な、召使としての身分を強調し、また、身体と関連づけられるジェンダーの二等身分—すなわち女性—の状態を強化し、自然化する、といったことである。女性を心から愛し、身体化の熱烈な支持者であったモンテーニュでさえ、身体を肯定しようとするその努力の中で、このような像の軽視に陥ってしまった。彼は次のように力説する。私たちは、「魂に命じて…からだを蔑んだり見捨てたりせず…からだに寄り添い、からだを抱擁し、大事にし、援助し、制御し、助言し、からだが道を踏み外したときには取り戻すべきであり、つまり、からだと婚姻し、その夫となるべきであり、そうすることで、からだと魂の行動は異なったり、反したりせず、調和し、統一されるようになる[22)]」。

ここで、私たちは、人文学的な教育において身体の研究がなぜ見落とされたのか、ということに対する、二つの逆説的な理由のうち、二つ目の理由を確認することができる。身体の不可避的な道具性が、皮肉にも、身体そのものを（使用人、女性、物質的な手段の単なる機械工などと関連づけられる）奉仕の領域へと追いやったのに対し、人文学は自らを、高尚で純粋な精神的目的—古典、哲学、文学、芸術についての尊ばれる知識の形式—への追求と同一視させた。それでは（議論が続くが）、なぜ、私たち人文学者は、（手段としての）身体の研究に尽力する必要があるだろうか。精神的、芸術的な成果を学問的に鑑賞することで、目的を享受することに直接的に注力することができるのではないか。

身体感性論を形づくるプラグマティズム哲学の立場からの一つの答えは、私たちが真に目的を重んじるのであれば、それらの目的を実現するために必要な手段を重んじるべきであるということである。様々な芸術的・学術的な追求において、身体がその基礎となり、一定の役割を果たしているため、身体の使用を向上させるための人文学的研究がなされるべきである。音楽家、俳優、ダンサー、その他の芸術家は、彼らの芸術における適切な身体的な構成要素を学ぶことで、より良く、より長く、より少ない痛みや疲労でパフォーマンスができる。つまり、芸術家は、楽器や自分自身の取り扱い方を学び、効率性や動きやすさを損ね、最終的には痛みや障害を発生させるような、努力の非反省的な習慣による不必要な筋肉の収縮を避けることができる。この点において有名な例として、身体の理論家－療法士である、F.M. アレクサンダーが挙げられる。彼は独自のテクニックを最初に開発した人物であり、高く評価されるそのテクニックは、彼の頭と首の位置の誤りによって発生した、演劇における嗄れ声と声の喪失という、彼自身の問題に対処するために開発されたものである。このような知的で身体的な自己使用の学習は、機械的な技術のやみくもなドリルではなく、身体的な気づきの慎重な育成を必要とする。

哲学者やその他の人文学者も、思考のための身体的器官の気づきと調節を改善することで、思考者としての機能を向上させることができる。ウィトゲンシュタインは、優れた哲学的思考のためには、緩慢さが重要であることをしばしば主張していた。哲学者は、言語の表面構造を早まって誤訳し、間違った結論に飛びついてしまうことが少なからずある。哲学は、このような誤りを解き明かして避けるために、ゆっくりとした忍耐強い労働を伴った、骨の折れる言語分析を必要とし、したがって、哲学には一種の訓練された規律のある緩慢さや平静さが求められる。それゆえに、ウィトゲンシュタインは、平穏な緩慢さを評価し、「哲学者同士のあいさつは、「ごゆっくり！」でなければならない」と勧めた。そして、彼は、「ある種の冷静さの理想」を提唱し、それは、「争いが消え」、人が「自分の思考の中での平和」を達成する、落ち着きのある状態である。ウィトゲンシュタイン自身の読み書きの仕方は、この穏やかな緩慢さを目指している。「私の使った夥しい句読点が、読むスピードを遅くすることを望む。私はゆっくりと読まれたい。（私自身がそう読んでいるように）」。[23)]

しかしながら、ゆっくりとして持続的な思考のための平静を得るための、より基礎的・一般的で、時間に証明されている方法は、呼吸への意識の集中と調整である。呼吸は神経系全体に深い影響を与えるため、呼吸をゆっくり落ち着かせることで、心に多大な平静をもたらすことができる。同じように、（痛みや疲れを作り出す）不要で、思考を惑わせる特定の筋肉の収縮に、まずは気づき、そしてリラックスさせることで、私たちはより持続的な哲学的瞑想のための、精神的な集中を強化し、その忍耐強い持久力を構築することができる。そうすることで、私たちは時間に余裕を持つことが可能となる。

しかし、哲学者はしばしば、身体的な手段を考えることは有害であり、それは私たちの目的から注意をそらし、問題を引き起こす可能性が高いと主張する。プラグマティズム哲学者として、また、彼の哲学における身体を尊重する全般的な趣旨にもかかわらず、ウィリアム・ジェームズは、私たちが「目的のみ」に集中して「（身体的）手段の意識」を避けるとき、身体的な行動は、より確実で成功的であると主張した。極度な倹約という意識の仕組みを考えると、その限られた注意は、行動の最も重要な特徴――いわば、目標――に集中させるべきであり、身体的手段は、すでに出来上がっている身体の使用における非反省的な習慣に任せるべきである。「平均台を歩く際、その上の足の位置を考えないほど、より上手に歩ける。私たちは、より上手に、投げ、つかみ、撃ち、割ることができるが、それは、より少なく」自身の身体の部分や感覚に集中し、排他的に目標に焦点を当てる場合である。「狙った場所に目線を固定すれば、手はそれを取るだろう。自分の手のことを考えると、狙いを外す可能性が非常に高くなる」。[24]

イマヌエル・カントはさらに、身体的な内観は、「他のことを考えることから精神の活動を奪い、頭に有害である」と注意を与えた。「自分の反省から生じる内的な感受性は害悪である…この内観や自己感情は、身体を弱らせ、動物的な機能から乖離させる」。[25] つまり、身体的な反省は、身体と精神の両者に害を与えるものであり、自分自身の身体を扱う最も良い方法は、身体の活発な作業や運動において、身体がどのように感じるかを可能な限り無視することである。ジェームズが Talks to Teachers の中で指摘しているように、私たちは「何をするかに焦点を当て…そして、何を感じるかはあまり気にしないようにすべきである[26]」。「行動と感覚は相伴う」ことを見抜いたジェームズは、（講演と私的な助言の両方において）、感情をコントロールするためには、それが連動している行動に焦点を当てるべきであると主張した。うつ病を克服するためには、単に快活さを表す「外側に向けての動き」を貫くべきであり、そうすることで、私たちの身体は勝手に「すでに快活さが身体の中にあるかのように行動し、発言する」。「眉間を緩め、目を輝かせ、脊柱の腹側よりは背側を収縮させ、長調で話せよ」。（本当の死の 30 年以上も前に）彼は、「私の「死に際の言葉」は」「「感情ではなく、外側に向けての行動を！」であろう」と勧告する。[27]

私が思うに、カント・ジェームズ的な身体的な内観の拒絶は、見当違い（そして、それは主として、心気症（hypochondria）への彼らの公然とした懸念の産物[28]）である。しかしながら、彼らの主張は重要な事実に基づいている。私たちの日常的な活動の多くにおいて、注意は内なる感覚ではなく、第一に、私たちを取り巻く環境の対象に向けられ、かつ向けられることが求められている。その環境との関係において、人間は、生存と繁栄のために行為し、反応しなければならない。このような進化論的な理由で、自然は私たちの目を内側ではなく、外側を見るように配置した。カントとジェームズの誤りは、日常的な優先順位を、排他的な重要性に混同していたことにある。注意は主に外側に向けられるべきであるが、注意はしばしば自分自身や感覚を確かめるためにも非常に役に立つ。呼吸を意識することは、私たちが不安や怒りを感じていることを知らせ、もし、これらの感情に気づかなかった場合には、感情の間違った誘導に対してより脆弱である。筋緊張の固有受容への気づきは、私たちのボディーランゲージが表に出すことを望まない恐れや攻撃性を表現している時に、そのことを私たちに知らせるとともに、動きを制限し、緊張を悪化させ、最終的には痛みをもたらすような、不要にしがみつく筋肉の収縮を回避することに役立つ。また、痛みそのもの—怪我を知らせ、治療法を探ることを促す身体的な意識—が、自身の身体的な状態や感覚に注意することの価値を明確に証明している。自己への配慮は、痛みによる損傷が発生する以前に、より鋭い身体的な意識から問題や処方に関するアドバイスをすることで、改善される[29)]。

目的に焦点を当てることや、身体的な手段の遂行においてすでに確立された習慣により自動的に生じる行動を信頼することが、一般的には効率的であるというジェームズの主張は正しいとしても、それらの習慣を盲目的に信用するには、あまりにも欠点が多く、矯正のための身体的な注意を要する場合が多々ある。例えば、打者は、足の位置や頭、胴体の姿勢、バットの握り方よりも、通常、ボールに集中していた方が、うまく打つことができるだろう。しかし、不器用や不振な打者は、自身の位置、姿勢、グリップが、バランスを崩させ、胸郭や背骨の動きを阻害させること、そしてそれがスイングの乱れやボールへの視野の制限につながることを（多くの場合はコーチから）学ぶだろう。ここでの意識的な注意は、しばらくの間、問題の姿勢における身体的感覚へ向けられるべきであり、そうすることで、これらの姿勢は固有受容感覚によって識別、回避され、より新しく、生産的な姿勢（及び付随される感情）の習慣を形成し、構えることができる。このような固有受容的な注意がなければ、打者は、気づくことなく、自然に、元の問題ある姿勢の習慣へ（結果的に強化を伴い）逆戻りする。

いったん、スイングの改善された習慣が定着すれば、最終的な目的は変わりなくボールを打つことであるため、スイングにおける身体的な手段や感覚は、私たちの注意を優先的に必要としなくなる。しかし、その目的を達成するためには、身体的な手段を暫定的な目的として扱う必要があり、これはちょうど、ボールを打つこと—実際のところ、これも、塁に出る、点数を上げる、ゲームに勝つための手段に過ぎない—が更なる目的を達成するための暫定的な目的として扱われることと同様である。必要な手段に注意を払わずに目的を直接求めることは、単に挫折をもたらすばかりである。ボールを遠く飛ばそうと必死の力で求めるにもかかわらず、目的を成し遂げようと熱望するあまり、ボールを見続けるための適切な頭の姿勢を保つことなど、基本的な身体的手段に集中できず、失敗してしまう打者の場合があり得る。仕事場での自己使用の悪い身体的習慣が原因で繰り返す頭痛、書くことに伴う痛みにより、創造的な生産性が制約されてしまう研究者の場合もまた同様であり、これらの問題は単に意志で解決したり、克服したりすることができない。身体的な習慣とそれに伴う意識は、適切に変換されるためには、吟味される必要がある。行為を、確実に私たちが望むものへと修正するためには、実際に私たちが行っていることを自覚しなければならない。

ジェームズは賢明にも感情に影響を与える身体的行動の価値を提唱していたが、その延長線上の、私たちの行動を導くための身体的な感覚の重要性は認識できなかった。眉をしかめることの感覚や、眉をゆるめた際の感覚が知覚できなければ、私たちは、顔の表情を適切に緩めることができない。同様に、私たちのほとんどが誤った姿勢に慣れているため、過剰な硬直を避けるための正しい姿勢を保持する能力のためには、固有受容感覚への繊細な注意を含む学習プロセスが必要である。背側の力強い収縮や堅苦しい直立姿勢（「感覚は抑えて…そして、姿勢を正しなさい」と彼は促した）といった、感覚を伴わないジェームズの主張は、慎重な臨床研究の産物というよりは、彼が生涯をかけて苦しんだ腰痛の処方箋、もしくは、自身のピューリタニズムの倫理の現れであったに違いない。ジェームズが述べているように「行動と感覚は相伴う」のであれば、最適な機能のためには、目的と手段の両方に注意が払われるべきであるのと同様に、行動と感覚の両者とも慎重に考慮されなければならない。包丁は、明らかに切断のための手段であり研ぐための目的ではないが、包丁の効用性を高めるためには、切れ味の鋭さやその他の使用上の特性を改善させることに重点を置くことが必要になってくることもある。このような、手段を重視する考え方が身体感性論の基礎となっている。人文学的な研究、芸術的な創造、より良い生き方を通した人間性の完成という普遍的アートを構成する、知覚、認知、行動、美的表現、倫理的な自己形成、これらすべてにおける身体的道具の使用に関する改良主義的な研究が、身体感性論である。

Ⅳ

道具の使用をどのように改善するかという問題は、身体感性論の三つの主要な次元につながる。この身体感性論の構造については、別のところで詳しく説明している[30)]。一つ目として、私たちは、道具の作用上の構造、所定の使用方法、それらを形づくる関係的なコンテクストをよりよく理解することで、道具をより有効に活用することができる。「分析的身体感性論（analytic somaestetics)」―三つの次元の中で最も理論的、記述的である―は、身体的な知覚と振る舞いの特性、また、知識、行動、世界の構築におけるそれらの機能を説明する研究を主軸とする次元である。心身問題や、意識と行為の身体的な様相といった伝統的な哲学のテーマの他に、分析的身体感性論は、身体的な自己使用に関する生物学的な要因にもかかわる。脊柱と胸郭の柔軟性が首の回転をより大きくさせることで、どれほど視野の範囲を広げられるだろうか。一方で、目をより鋭敏に使うことは、逆に、（目とつながる後頭部の筋肉を通して）首の回転や、結果的には脊柱の回転をも改善することになる。

これは、身体感性論が生理学に吸収され、人文学から追放されるべきという意味ではなく、ただ、人文学の研究が、その内容と関連する最善の科学的知識によって適切に情報を提供されるべきであるという（当たり前であるが軽視されてきた）点を強調しているのである。ルネサンスの美術や美術理論は、解剖学、数学、遠近法における光学などの研究の後ろ盾によって発展することができた。哲学者たちの根深い身体への軽蔑は、主には（ニーチェが指摘した通り）生理学に対する無知に加え、自身が習熟した知識のみを特権化する彼らの自尊心に結びついた結果であるかもしれない[31)]。分析的身体感性論は社会科学とも深く関わり、身体的経験の形態、身体的経験のコンテクストの構造化などについて論じなければならない。これには、系譜学的、社会学的、文化的な分析が含まれ、身体が社会的権力によってどのように形成され、それを維持するための道具としてどのように利用されてきたのかが示される。例えば、健康、技術、美、そして、ジェンダーのカテゴリーさえといった身体的な規範は、いかにして、社会的な力を反映し、持続させるために構築されているのだろうか。

二つ目として、すでに提案されているメソッドの領域を研究することで、道具の使用を改善することができる。このような、身体的技法に関する批判的・比較的研究からなる次元を、私は、「プラグマティック身体感性論（pragmatic somaesthetics)」と名づけている。どのような技法であれ、その実行可能性は身体に関する特定の事実に依るため、プラグマティックの次元は、分析的な次元を前提とする。しかしながら、分析から示される事実の評価だけでなく、身体や、それを形づくる周囲の社会的な習慣と枠組みを作り直すことで、特定の事実を改善する手段を提案することで、プラグマティック身体感性論の次元は分析の範囲を乗り越える。身体の経験や使用を改善させるために作られた、膨大な数の実践的メソッドがある。例えば、様々な食事療法、身だしなみや装飾の様式、瞑想法、マーシャル・アーツ、性愛の技芸、エアロビクス、ダンス、マッサージ、ボディービルディング、アレキサンダー・テクニックやフェルデンクライス・メソッドのような現代心身療法などである。

私たちは全体論的（holistic）な技法と、より原子論的（atomistic）な技法を区別することができる。後者が、（髪のスタイリング、ネイルカラー、鼻を小さくする整形手術など）個別の身体の部分や表面により焦点を当てるのに対し、（ハタヨガ、太極拳、フェルデンクライス・メソッドのような）前者の技法は、統合された全体としての人間の調和のとれた機能とエネルギーを発達させるために、身体の姿勢と動きのシステムを構成する。皮膚表面と筋繊維の下を通り、骨を再調整し、私たちを動かせ、感じさせ、思考させる神経経路を整えるこれらの実践法は、身体の調和を改善することが、道具としての貢献に加え、精神的な意識とバランスの向上という有益な副産物であることを強調する。このような訓練法は、ある人の全体の向上を目指す上で、身体と心を分けようとはしない。

身体的実践は、それが個々の実践者自身に向けられるか、主に他者に向けられるかによっても分類できる。例えば、マッサージ師や外科医の実践は他者に向かうが、太極拳やボディービルディングの実践は自分自身に向かう。身体的実践が自己に向けられているのか、他者に向けられているのか、という区別は、厳格に排他的に区別することはできず、多くの実践は両者に属している。化粧は、自分自身にも、他の人にもしばしば行われるのであり、性愛の技芸は、自分自身と他者の身体を巧妙に扱うことで、一人の経験的な快と、パートナーのそれ、両者における同時的な興味を示している。さらに、（ダイエットやボディービルディングのような）自己に向けられた訓練法が、しばしば他者を満足させようとする欲求によって動機づけられているように、マッサージのような他者向きの実践もまた、独自の自己中心的な快を伴う可能性がある。

このような（ある程度、自己と他者との間の相互依存性に由来する）複雑さにもかかわらず、身体的実践が自己向きか他者向きかという区分は、身体に注目することが社会から遠ざかることを意味するという一般的な推定を破るのに役立つ。フェルデンクライス・メソッドの実践家としての経験から、私は、メソッドを受けるクライアントにきちんと気を配るためには、自分自身の身体の状態に細心の注意を払うことが重要であることを学んだ。フェルデンクライス・メソッドの「機能の統合（Functional Integration）」のレッスンを行う際に、私は、自分の身体の位置や呼吸、手やその他の部位の緊張、足と地面の接触における質を意識する必要があり、このことは、クライアントの身体の張り、筋緊張、運動の容易さなどを見極め、最も効果的な方法で彼を動かすことができる、最良な状態につながる[32)]。自身の身体の緊張感に気を取られないように、また、クライアントに正しいメッセージを伝えるために、自分自身が身体的に十分に落ち着く必要がある。そうでなければ、私が相手に触れる際に、自分の身体的な緊張感や不安感を伝えてしまうことになるのである。私たちは、身体のちょっとした不快感が、いつ、なぜ、あるのかに気づかないことが多いため、フェルデンクライスのトレーニングの一部は、そのような状態を見分け、それぞれの原因を識別する方法を教えることに費やされる。

身体的訓練法は、さらに、その主な方向性が外見的なものにあるか、内的な経験にあるのかによって分類することができる。（化粧のような）表象的な身体感性論は、より身体の表面的な形態を対象にしているのに対し、（ヨガのような）経験的な訓練法は、両義的な局面の両方の感覚において、より良い感覚、つまり、われわれの身体的経験の質をより充実したものにし、より鋭く知覚することを目指す。表象的な身体感性論と経験的な身体感性論の区別は、厳格な二分法ではなく、優勢な傾向を意味する。ほとんどの身体的な実践は、表象と経験、外面と内面における基本的な相補性のため、表象的と経験的、両方の側面（そして報酬）を有する。見た目は感じ方に影響を及ぼすと共に、その逆もまたそうである。ダイエットやボディービルディングのような実践は、最初のうちは表象的な目的を追求するが、多くの場合、経験そのものを目的とした内面的な感覚の生成を伴う。ダイエットをしている人は、軽やかさや空腹感といった快感を切望するあまり、拒食症になりかねない。一方、ボディービルダーは、「パンプ（pump）」として知られているエネルギーの高まりの経験に中毒される可能性もある。内面の経験に関する身体的訓練法が、（例えば、からだの部位への意識の集中や、想像による視覚化といった）表象的な手がかりを利用しているように、ボディービルディングのような表象的な訓練法もまた、経験的な手がかりを活用し、例えば、筋肉をつける痛みと負傷からの痛みの区別といった、区別の感覚を用いて、外面的な形態という目的の達成を目指す。

プラグマティック身体感性論におけるもう一つのカテゴリー「パフォーマンス身体感性論」は、ウェイトリフティング、陸上、マーシャル・アーツなど、主に、力、健康、スキルを増強することに焦点を当てる他の訓練法とは区別される。パフォーマンス身体感性論が、パフォーマンスの外面的な披露、もしくは、当人の力や技術の内面的な感覚を目的としている限り、このカテゴリーは、表象的、経験的カテゴリーと結びつくか、同化されるのである。

最後の、道具の使用を改善するための三つ目の次元は、実際に道具を使って実践すること、行うことで学ぶということである。身体感性論の分析的、プラグマティック、の次元の他に、このような次元が必要であり、それは「実践的身体感性論（practical somaesthetics）」と名づけられる。この次元は、身体的な自己の向上を目的とする、規律のある反省的な身体的実践のプログラム（表象的、経験的、パフォーマンスのどれでも）に実際に取り組むことを意味する。身体的訓練法について単に読むこと、書くことではなく、体系的に実行するというこの次元は、残念ながら現代哲学において軽視されているが、古代と非西洋文化圏における哲学的な生き方の本質的なものとされてきた[33)]。

V

人文学的な研究や、根源的で不可欠な道具としての身体の修養の主張において、身体という道具の使用者もまた、身体―意図を持つ主体として―であることを忘れてはならない。さらに、高次の目的とは対照的に、単なる手段として考えられる身体の状態も問い直さなければならない。この差別的な分類は、克服されるべき暗黙的な目的－手段の二分法に基づいている。何かを達成するために使う手段や道具性は、必ずしもそれが支える目的の外部にあるわけではなく、むしろ本質的な部分としてあり得る[34)]。絵の具、キャンバス、描写された形、画家の巧みな筆遣いは、絵画を制作するための手段であるが、それらはまた、（画家が立つ床などといった要因とは異なり）最終的な製品や芸術作品の一部でもあり、これら作品もまた、私たちの絵画鑑賞における美的経験という、さらなる目的の一部でもある。同じように、ダンサーの身体は、作品における手段としてのものであるが、それと同じぐらい、目的としてのものでもある。イェーツの詩（Among School Children）にもあるように。「あ、音楽に身体が揺さぶられる。あ、輝かしい閃光。ダンスの中からダンサーを、どのようにして見極められるだろうか（O body swayed to music. O brightening glance. How can we know the dancer from the dance?)」。より一般的には、芸術の感覚的な美を鑑賞することは、重要な身体的側面を持っているが、それは単にその感覚的な美が（長年、美学において排除されてきた自己受容感覚を含めて）身体的感覚を通して把握されるからだけではなく、これに加え、芸術の感情的な価値が、身体的な経験でしか経験され得ないからである。

身体的経験は、芸術の領域を超えても単に雑用の手段ではない、より高次な目的に属している。運動は健康のための手段であるかもしれないが、私たちは運動そのものの中で運動を楽しむのであり、これは、健康の意味の一部―激しい動きを楽しめる能力―でもある。そして、身体の健康そのものも、他の目的のための労働を実現する手段としてだけではなく、本質的には、それ自体が目的として享受される。幸福や快は、しばしば最高の目的として重んじられるが、身体的経験は明らかにそれらの一部を形成する。感情を求め、感情が満たされることのない愛の喜びはあり得るだろうか。それらは、自分の愛がどれほど純粋で精神的なものであると主張されていても、常に身体的に経験される。思考の快でさえ、その身体的な次元を意識することなく、どのように享受することができるのだろうか。そこには、例えば、エネルギーの脈動、感動の鼓動、思索の熱烈な飛行に伴う上気がある。さらに、知識は、熟練した習慣の筋肉の記憶（muscle memory）や深く身体化された経験に組み込まれることで、より強固なものになる[35]。感じる・思考する主体を、世界の中に配置させ、その主体に思考の観点や方向性を持たせる身体化なしには、人間の思考は成立しないのと同様に、身体を通して行われる様々な経験がなければ、知恵と徳は空虚なものであり、知恵と徳は、経験に基づいて存在し、経験を通して、模範となる身体化された言動、行動、存在の広がりといった形で顕在化する。

このように、生きた身体の特徴として、もう一つの二重性について結論づけられる。つまり、身体は、私たちの人間性を完成させるための道具として価値があるだけでなく、この価値ある目的の一部でもある。身体を通しての思考(thinking through the body) を向上させる、身体感性論の感受性を教育・育成することにおいて、人間文化の物質的な手段の改善だけでなく、それを享受する主体としての能力をも高めることができるのである[36]。

訳者解題

本論考は、2012年に出版された、リチャード・シュスターマンの *Thinking through the Body: Essays in Somaesthetics* の第1章「Thinking through the Body: Educating for the Humanities」の日本語訳である。シュスターマンは、世界的に活躍している哲学者であり、1996年に初めて提唱したプラグマティズム・プロジェクトであるsomaestheticsが、彼の思想の中心をなしている。著書のタイトルと同様である本論考では、15年以上の年月を経て拡張されてきたsomaestheticsの概要、狙い、背景が、集約的に記述されている。まず、身体を蔑ろにしてきた人文学への批判、そもそも人間や人間的事情を扱う学問としての人文学において、身体は、不可欠でならざるを得ない、ということを力説している。哲学の長い歴史において、身体は阻害されたり、偏った方式で強調されたりしてきた。しかし、身体は、人間存在の本質的な両義性を身をもって体現しており、その両義性に率直に立ち向かうための決定的な入り口である。このために、身体を取り巻く様々な言説、思想、研究、実践に、学問的な体系性を付与したのがsomaestheticsである。その体系についての説明が、Ⅳ節においてなされているが、それはつまり、「身体」に関する学問的理論、実践的理論、実践そのものを、全て網羅しようとする、大胆な哲学のプロジェクトであるといえよう。実際に、somaestheticsは、いわゆる学問的な領域を超えて、(例えば、現代アート、プロダクト・デザインなど）拡張され、展開されている。

日本における身体感性論の展開は、そのほとんどが、樋口を経由してなされている。樋口は、シュスターマンのsomaestheticsの、哲学・美学への可能性のみならず、教育論への展開の可能性にも先駆けて気づいていた。彼は、2002年から2003年にかけて、広島大学大学院教育学研究科・学習開発学講座の客員教授としてシュスターマンを招聘し、同僚として一定の時間を過ごした。また、講演原稿や論文、著書を翻訳し、日本におけるsomaestheticsの可能性を問いながら積極的に展開してきた。その主なリストが以下のように挙げられる。

- 樋口聡「学習論として見た「身体感性論」の意義と可能性―R. Shustermanの所論をめぐって―」『広島大学大学院教育学研究科紀要第一部（学習開発関連領域）』第51号、2002、9-15。
- リチャード・シュスターマン（樋口聡・青木孝夫・丸山恭司訳）『プラグマティズムと哲学の実践』世織書房、2012。
- リチャード・シュスターマン（樋口聡訳）「身体意識と行為―身体感性論

の東西―」『思想』1060、2012、95-120。

- 樋口聡、グンター・ゲバウア、リチャード・シュスターマン『身体感性と文化の哲学―人間・運動・世界制作―』勁草書房、2019。

樋口はさらに、日本における somaesthetics の展開を国際的に発信している。例えば。

- Satoshi Higuchi "Somaesthetics in Japan as Practicing Pragmatist Aesthetics" *Practicing Pragmatist Aesthetics:Critical Perspectives on the Arts*, Edited by Wojciech Małecki, Amsterdam: Rodopi, 2014, 203-215.
- Satoshi Higuchi, *Somaesthetics and the Philosophy of Culture: Projects in Japan*, Abingdon and New York: Routledge, 2021.

somaesthetics は、「身体感性論」という日本語に翻訳されている。この訳については、『身体教育の思想』（勁草書房、2005）や、上記のリストにもある『身体感性と文化の哲学』に詳しい。soma を、「からだ」や「身」ではない「身体」に、aesthetics を「美学」ではない「感性論」に訳すことは、それぞれ、シュスターマンが示そうとする、伝統的な学問的コンテクストにおける body と aesthetics に対する批判的視座を活かすものである。特に、「身体」という用語には、身体と精神の関係といった有名な哲学的な問題意外にも、身体をめぐる様々な議論が「輸入」され「土着」の用語との混在が始まった近代以降の日本における、「翻訳語としての身体をめぐる議論」（『身体教育の思想』、22）の状況もが反映されているのである。本稿は、このような意図に共感し、somaesthetics を「身体感性論」として訳している。

私は、樋口先生のご指導の下、博士論文「教育のための「身体感性論」の研究―「改良主義」と身体的「実践」に着目して―」（2019）より、最近は、研究の出発点の一つでもあった自分自身の「ヨガ」の身体感性に「一人称研究者」を通して向き合う試み（"Somaesthetics and yoga" *Journal of the Philosophy of Sport,* 47, 2020, 217-231）に至るまで、教育における身体感性論の可能性について研究を続けてきた。2017 年の秋は、シュスターマンが長を務める、フロリダ・アトランティック大学の Center for Body, Mind, and Culture へ滞在しながら、学会やゼミに参加したり、センターの業務に携わったりした。私が理解する身体感性論は、身体に関する広い範囲の言説と実践を包容する学問的な場所であり、観点である。教育思想、学習論、教育実践といった教育の諸次元において、身体感性論という観点を用いるとはどういうことか。樋口が示し続けてきたように、身体感性論と教育論の接続は、単なる教育方法論的な手段としての身体の擁護にとどまらず、自己理解や自己変容という大きいなテーマとして接続されうるのであり、それでこそ教育の批判的・反省的研究につながる。特に、身体感性論の観点から、何かを学ぶ・習得するということがどういうことかを考える際に、それは、必ず内省のプロセスが含まれるものである。自身の身体的経験に、近づいて内観し、遠ざかっては実行することの繰り返しを通してなされる洗練、調節、向上である。教育論・教育実践における身体感性論の遂行は、これから私たちに残された課題の一つであろう。

この翻訳原稿は、広島大学大学院教育学研究科の博士課程で研究を行う須谷弥生さんが丁寧に目を通してくれた。文章表現などについて多くの指摘や助言を受けて、シュスターマンの論考の意味がより鮮明に伝わるようになったことに感謝したい。

《注》

1) *Webster's Third New International Dictionary* (Springfield: Merriam Co., 1961), 1101では、人文学が「主に文化的性格を持つ学問分野で、通常は言語、文学、歴史、数学、哲学などが含まれる」と定義づけられる。また、*The Random House College Dictionary* (New York: Random House, 1984), 645では「a. 古典ラテン、古典ギリシア語とその文学の研究　b. 科学と区別されて、文学、哲学、芸術など」と定義づけられている。

2) 社会科学、特に社会学における身体への関心はかなり高いものである。身体に対する人文学の軽視は、基礎的な芸術教育にも現れており、ダンスや演劇のように明らかに身体中心的な芸術は、カリキュラムの中で遥かに注目度が低い。この点について、Liora Bressler, "Dancing the Curriculum: Exploring the Body and Movement in Elementary Schools," in Liora Bressler (ed.), *Knowing Bodies, Moving Minds* (Dordrecht: Kluwer, 2004), 127-151を参照。

3) 私が最初に身体感性論の考え方を紹介したのは、*Vor der Interpretation* (Wien: Passagen Verlag, 1996年)と、*Practicing Philosophy* (London: Routledge, 1997)〔樋口聡・青木孝夫・丸山恭司訳『プラグマティズムと哲学の実践』世織書房、2012年〕においてであるが、その構造を明確にしたのは、"Somaesthetics: A Disciplinary Proposal," *Journal of Aesthetics and Art Criticism* 57 (1999)においてであり、これは後に改訂され、*Pragmatist Aesthetics* (New York: Rowman & Littlefield, 2000)の第2版として再出版された。*Performing Live* (Ithaca: Cornell University Press, 2000)においてさらに詳しく説明し、*Body Consciousness: A Philosophy of Mindfulness and Somaesthetics* (Cambridge: Cambridge University Press, 2008)でより一層、詳細な説明がなされた。身体感性論に対する批判的な概要は、Wojciech Małecki, *Embodying Pragmatism: Richard Shusterman's Philosophy and Literary Theory* (Fankfurt: Peter Lang, 2010), ch. 4,"Body Consciousness, Body Surfaces, and Somaesthetics."を参照。私や、他の著者による、身体感性論に関する書誌のより詳細な目録は、以下をそれぞれ参照。http://www.fau.edu/humanitieschair/Somaesthetics_Bibliography.php と http://www.fau.edu/humanitieschair/Somaesthetics_Bibliography_Others.php〔2021年2月13日現在の時点で、以下を参照。https://www.fau.edu/artsandletters/humanitieschair/somaesthetics-bibliography-others/〕

4) ジョン・デューイは、*Experience and Nature* (Carbondale: Southern Illinois University Press, 1988), 191〔河村望訳『経験と自然』人間と科学社、1997年〕の中で、「身体－精神（body-mind)」という用語を用いた。彼は、後に、「精神－身体（mind-body)」という用語を、「統合された全体性」を示すために、論考 “Body and Mind,” The Later Works, vol.3 (Carbondale: Southern Illinois University Press, 1988), 27の中で用いた。

5) もちろん、行き当たりばったりで成り行き任せの自然の豊かさを考えれば、人間の突然変異体は時として存在するが、そのような例外は、固定された、神聖で、存在論的な本質としてではなく、進化上の形態として理解される身体的規範を確認するだけである。

6) その証拠に、いわゆるバビンスキー反射と呼ばれる足底反射がある。それは、幼児の足を擦り上げた際に、足の指が足背の方向に曲がり、扇状に開くことであり、大人の場合は運動皮質の損傷がある時、似たような反応がみられる。

7) このことついては、*Body Consciousness*, ch. 4. においてより詳しく説明している。

8) 偶像を作ってはならないという禁止はあるが、古代ヘブライ聖書では、人間は、神の姿をたどって作られたということを断言しており、私たちの身体は神聖の根源と典型であることを示唆している。

9) Ludwig Wittgenstein, *Denkebewegung: Tagebücher* 1930-1932, 1936-1937, ed. Ilse Somavilla (Innsbruck: Haymon, 1997), 139-140〔鬼界彰夫訳『ウィトゲンシュタイン哲学宗教日記』講談社、2005年〕

10) Roger Ames and Henry Rosemont Jr. (trans.), *The Analects of Confucius* (New York: Ballantine, 1998), 2:8, 8:4〔貝塚茂樹訳注『論語』中央公論新社、2020年；井波律子訳『完訳論語』岩波書店、2016年；加地伸行訳注『論語』講談社、2004年；吉川幸次郎訳『論語』筑摩書房、1971年〕

11) *The Analects of Confucius* の16:5、また4:1、4:17、12:24も参照。儒教の身体感性論に関するより詳細な議論は、私の論考、“Pragmatism and East-Asian Thought,” in Richard Shusterman (ed.), *The Range of Pragmatism and the Limits of Philosophy* (Oxford: Blackwell, 2004), 13-42を参照。

12) 単なる意志そのもの（例えば、意志のある行動として実行できなかった意志）も、―特に努力を要する意志であればなおさら―身体的な手段を伴い、筋収縮のパターンにおいて表現される。意志の身体的な特性に関するより詳しい説明は、*Body Consciousness*, ch. 5-6を参照。

13) William James, “The Experience of Activity,” in *Essays in Radical Empiricism* (Cambridge, MA: Harvard University Press, 1976), 86〔伊藤邦武訳『純粋経験の哲学』岩波文庫、2004年〕

14) Diogenes Laertius, *Lives of Eminent Philosophers*, trans. R.D. Hicks (Cambridge, MA: Harvard University Press, 1991), vol. 1, 153, 163〔加来彰俊訳『ギリシア哲学列伝（上）（中）（下)』岩波文庫、1984、1989、1994年〕; Xenophon, *Conversations of Socrates*, trans. Hugh Tredennick and Robin Waterfield (London: Penguin, 1990), 172.〔佐々木理訳『ソークラテースの思い出』岩波書店、1974年；船木英哲訳『ソクラテスの弁明・饗宴』文芸社、2006年；内山勝利『ソクラテス言行録』京都大学学術出版会、2011年〕

15) キュレネ派の創始者、アリスティポスは、「身体的な鍛錬が美徳の習得に役立つ」と主張した。それは、健康なからだは、自分自身を思考、態度、行動に適応させるための、より鋭い知覚、より多くの訓練法、多様性を可能にさせるからである。ストア派の創始者、ゼノンも同様に規則的な身体的運動を強調した。彼は、「健康と感覚器官を適切にケアすること」は、「絶対的な義務」であると主張した。キュニコス派（犬儒派）の創始者、ディオゲネスは、知恵と良い生活のために必要な、知識と規律における本質として、身体的な鍛錬の重要性を一層強く主張した。また、彼は、自分自身を試し、強くするために、際立った範囲の身体の実践法を実験した。例えば、生のものを食べることを始め、裸足で雪の中を歩いたり、人前で自慰行為をしたり、泥酔の酒盛りする者の打撃を受けたりと、していた。キュニコス派のディオゲネスについて、次のように言われている。「彼は、議論の余地のない証拠を提示し、体操の訓練を通して、私たちが、いかに簡単に美徳へ到達できるかを示している」。ソクラテス以前の哲学者、「強さと美しさで知られる」賢者クレオブロスでさえ、知恵の追求において「人々に、身体的な運動を実践することを勧めた」という。この注における引用は、Diogenes Laertius,

Lives of Eminent Philosophers, vol.1, 91, 95, 153, 221; vol. 2, 71, 73.

16）例えば、荀子が身体化を強調した、"On Self-Cultivation（修身）" "Discourse on Ritual Principles（礼論）" "Discourse on Music（楽論）," in John Knoblock, trans,. *Xunzi* (Stanford: Stanford University Press, 1988), それぞれ vol.1, 143-158; vol.3, 48-73; 74-87〔藤井専英訳『荀子』明治書院、2004年;内山俊彦著『荀子』講談社、1999年〕を参照。また、荘子と菅子が呼吸について強調した、"The Great and Venerable Teacher（大宗師篇）," in *Chuang-Tzu*, trans. Burton Watson (New York: Columbia University Press, 1968), 77-92〔池田知久訳注『荘子』講談社、2014年〕; "Nei Yeh（内業）" in *Kuan-Tzu*, trans. W.A. Rickett (Hong Kong: Hong Kong University Press, 1965), vol. 1, 151-168〔松本一男訳『菅子』徳間書店、1973年〕; 剣道について、D.T. Suzuki の *Zen and Japanese Culture* (Princeton: Princeton Unuversity Press, 1973), ch. 5 and 6〔『禅と日本文化：対訳』講談社インターナショナル、2005年〕を参照されたい。現代の日本の哲学者、湯浅泰雄は、(東洋思想では「哲学的な基礎」として想定されている)「修行」概念は、本質的に身体的な要素を持ち、それは、真の知識は、単に理論的な思考だけでは得られず、「体認」や「体得」を通してのみ得られるからである、と主張する。Yuasa Yasuo, *The Body: Towards an Eastern Mind-Body Theory*, trans. S. Nagatomo and T.P. Kasulis (Albany: SUNY Press, 1987), 25〔『身体論：東洋的心身論と現代』講談社、1990年〕

17）*Mencius: A New Translation*, trans. W.A.C.H. Dobson (Toronto: Toronto University Press, 1969), 144〔宇野精一訳注『孟子』講談社、2019年;貝塚茂樹訳『孟子』中央公論新社、2006年〕孟子はまた、「果たすことができない信頼があったとしても、それが身体を守ることであってはならない。なぜなら、そこから他の信頼も全て生まれるからである。〔孰不爲守　守身守之本也〕」と述べる（ibid., 138)。

18）*Oxford English Dictionary*, 2nd ed. (Oxford: Clarendon Press, 1989), vol. 7, 476 を参照。

19）私たちの体重のほとんどは（頭、肩、胴体など）上に乗っており、それに対して足はかなり軽い。ピラミッド型の安定性とは対照的なこの解剖学的な構造は、私たちを倒れさせようとする重力の圧力に反応して、機械的に動きを促す。

20）Jean-Jacques Rousseau, *Emile* (New York: Basic Books, 1979), 54, 118, 125〔今野一雄訳『エミール』岩波書店、2007年;樋口謹一訳『エミール』白水社、1986年;永杉喜輔ほか訳『エミール:全訳』玉川大学出版部、1982年〕

21）Ralph Waldo Emerson, "Works and Days." in *Society and Solitude, Works of Ralph Waldo Emerson*, vol. 2 (Boston: Houghton, Osgood Company, 1880), 129〔小泉一郎訳『生活について』日本教文社、1961年〕

22）Michel de Montaigne, *The Complete Essays of Montaigne*, trans. Donald Frame (Stanford: Stanford University Press, 1965), 484-485〔宮下志朗訳『エセー』白水社、2005年;松浪信三郎訳『随想録（エセー）』河出書房新社、2005年〕を参照。モンテーニュは、どのような哲学であれ「身体の修養を軽蔑的に敵視してしまう」哲学は、「非人間的」である（ibid., 849）とする。

23）Ludwig Wittgenstein, *Culture and Value*, bilingual ed. (Oxford: Blackwell, 1980), 2, 9, 43, 68, 80〔清水一人訳『反哲学的断章－文化と価値』青土社、1999年〕ドイツ語の原著から直接、私の翻訳を用いる場合がある。

24）William James, *The Principles of Psychology* (Cambridge, MA: Harvard University Press, 1983), 1128〔今田寛訳『心理学』岩波書店、1992年〕

25）Immanuel Kant, *Reflexionen zur Kritische Philosophie*, ed. Benno Erdmann (Stuttgart: Frommann-Holzboog, 1992), 68-69. カントは後に次のように批判的に述べる。「人は、思考が空の時、感覚に満ち溢れる」(ibid., 117；私自身による翻訳)。

26）William James, *Talks To Teachers on Psychology and To Students on Some of Life's Ideal* (New York: Dover, 1962), 99.

27）James, *Principles of Psychology*, 1077-78; *Talks To Teachers*, 100; *The Correspondence of William James*, vol. 4 (Charlottesville: University Press of Virginia, 1995), 586.

28）自身の「心気症の気質」について、カントは不安感の「病的な感覚」から生じた、内面の身体的な感覚への注意の高まりを感じていた。カントの著書、*The Contest of the Faculties*, trans. M.J. Gregor (Lincoln: University of Nebraska Press, 1992), 187-189〔角忍ほか訳『諸学部の争い』岩波書店、2002 年〕ジェームズの心気症に関しては、Ralph Barton Perry, *The Thought and Character of William James*, (Nashville: Vanderbilt University Press, 1996) を参照。同書では、「あらゆる好ましくない症状」を過剰に表現したジェームズに対する、彼の母親の不満も挙げられている（361)。「内省的研究」の「哲学的心気症」について、ジェームズが、弟のヘンリーに、1872 年 8 月 24 日に送った手紙、*The Correspondence of William James*, vol. 1 (Charlottesville: University Press of Virginia, 1992), 167 を参照。ジェームズは、個人的な手紙において、自分が「酷しい神経衰弱患者」であることを繰り返し告白した。例えば、F.H. Bradley や George H. Howison 宛の手紙がある。*The Correspondence of William James*, vol. 8, 52, 57.

29）私が身体的な気づきを磨くことを主張する上で、身体的感覚が、身体的実践や自己配慮のための、間違いのない確たる手引きであることを言っているわけではない。逆に、平均的な個人の身体的な自己認識は、かなり不正確な場合が多いことを、私は知っている。（例えば、過剰で有害な慢性的な筋収縮に気づかないことなどである。）こういう訳でまさに、身体的意識をより正確で識別力のあるものにするために、それを磨く必要があり、そのような修養には、一般的に指導者の援助が必要となるのである。私はまた、身体的な自己意識が、完全に透明なものとして透き通るといった形で完成され得ると、主張しようとは思わない。身体的な内省の限界と難しさに関しては、*Body Consciousness*, ch. 2, 5, 6 を参照。

30）例えば、Richard Shusterman, *Performing Live: Aesthetic Alternatives for the Ends of Art* (Ithaca: Cornell University Press, 2000), ch. 7-8.

31）Friedrich Nietzsche, *The Will to Power*, trans. W. Kaufmann and R.J. Hollingdale (New York: Vintage, 1968), 220〔原佑ほか訳『権力への意志』河出書房新社、2005；原佑訳『権力への意志』筑摩書房、1993 年〕

32）フェルデンクライス・メソッドは、治療 - 病理学的なモデルというよりも、教育的なモデルを展開している。クライアントは、患者としてではなく、学生のようにみなされ、私たちの作業は、「治療セッション」ではなく、「レッスンをする」というふうに話している。私は、*Performing Live*, ch.8. において、フェルデンクライス・メソッドを分析している。「機能の統合（Functional Integration)」のレッスンは、フェルデンクライス・メソッドの二つの中心的な様式のうちの一つに過ぎず、他には「動きを通しての気づき（Awareness through Movement)」がある。後者については、*Awareness Through Movement* (New York: Harper and Row, 1972)〔安井武訳『フェルデンクライス身体訓練法：からだからこころをひらく』大和書房、1993 年〕における、フェルデンクライス自身による紹介が最も詳しい。「機能の統合」に関する、非常に詳しい、しかし難しい説明は、Yochanan Rywerant, *The Feldenkrais Method: Teaching by Handling* (New York: Harper and Row, 1983).

33）Richard Shusterman, *Practicing Philosophy: Pragmatism and the Philosophical Life* (New York: Routledge, 1997), 1-64.

34）この点について、ジョン・デューイが、*Art as Experience*, (Carbondale: Southern Illinois University Press, 1987)〔河村望訳『経験としての芸術』人間と科学新社、2003 年〕において強く指摘している。

35）したがって、モンテーニュは賢明にも、「われわれは［単に］精神に学習を加えてはいけない。われわれは融合されなければならない。われわれは、散りばめるのではなく、染めなければならない」といっている（Montaigne, *Complete Essays*, 103)。

36）気づきを高めることで、快をより意識的に味わい、内省の快を通してより深化させることができ、私たしの快の増大につながる。これについて、モンテーニュが「私は、他の人の二倍も［人生を］楽しんでおり、それは、楽しみの尺度は、私たちがそれに与える注意の大きさと少なさに左右されるからである」と述べる（Montaigne, *Complete Essays*, 853)。

第三章

スポーツと自己への配慮

グンター・ゲバウァ（釜崎太訳）

近代スポーツは、当初から三つの特徴によってギリシアの競技と結びついてきた。競争、個人主義、自由である。最初の二つの特徴によって、競争と主体の社会が特徴づけられる。自己決定の自由という第三の特徴は、現在のスポーツではほとんど失われ、その本来の意味もほとんど省みられていない。自由を人間によるプレイの前提条件として強調する、長い哲学的な伝統がある[1)]。その哲学的な伝統をひとつの根本思想のなかに要約し、スポーツのプレイと関連づければ、それは次のようになる。スポーツにおいて人間は、自らの実存に対して自由に振る舞う可能性を持つ。

1. ドラマチックな実存

古代の演劇（Drama）と同じように、競技者の実存は、ひとつのはじまりと、ひとつの（あるいは複数の）クライマックスと、ひとつの悲劇的な転調と、ひとつの終わりを有している。競技者のキャリアにおいては、そのキャリアが最終的に終了し、競技スポーツにおける目論見、計画、目的をもはや無意味なものにする最後の時がある。たとえもし、スポーツ選手がそれを認めようとはしない場合でも、彼の達成能力は生物学的に、そして精神的に使い果たされている。終わりとは、競技者が彼の人間的な能力と職業的な経歴のクライマックスに到達するはるか以前に、競技者の日常的な生のただなかで生起する象徴的な死の一種である。彼のキャリアの開始からすでに、競技者はその終わりの後に、ある特別な生が始まるであろうことを知っている。彼は明示的な知ではないとしても、誰かが競技スポーツに全面的に専心するとき、彼の経歴がいつの日か終わりを迎えるであろうことを、多少なりとも、明確に意識しているのである。

彼のキャリアの開始に際して、競技者は、芸術家や科学者と比較できるような、彼自身のプロジェクトを作りあげている。彼は、禁欲苦行（Askese）、計画に満ちた行為、自らの身体の生への方向づけの形式を、自らの実存に与えるであろう特定の生の過ごし方を決定し、自らのスポーツの訓練を選択している。これらのすべては、自由意思によっておこなわれる。病気、怪我、失敗によってキャリアに生じうる後退に際して、彼が離脱するという選択肢を検討しうることも、彼の自己決定に寄与している[2)]。芸術や科学のような他の領域におけるキャリアも、ある特定の時間に開始されるが、芸術や科学との違いは、競技者としての彼の実存が、彼の生の中間点よりもはるか以前に終わるであろうことを、競技者がはじめから受け入れているところにある。他のプロフェッショナルな代表者とは異なり、競技者はドラマチックな構造を持つひとつの生を選択している。競技者は、彼の実存に関して、競技者の生の経過と継続を、最高の業績をもたらす彼の身体能力と結びつける、ひとつの態度を作り上げているのである。それは、彼がスポーツの経歴を超えて、維持しつづけるであろう態度である。その核心は、人間に対して、自然現象に対して、運命の打撃に対して戦うための、彼が敵対者とみなすものすべてに対する覚悟である。その際に彼は、彼の競技者の実存が破壊されうるほどのリスクを引き受け、敗北を受け入れる。彼の個人的な世界は、彼のスポーツのキャリアが常に彼の生物学的な発展と彼の身体の健全さに依存していることへの同意に基づいているのである。

合理的な観点からすれば、競技者のキャリアへの決心は正当なものではない。その決心は、あまりにも大きなリスクを引き受ければならない。確かに、この合理的には責任を負えない未来展望へのパトスが、近代スポーツをギリシアの競技と結びつけている。つまり、目的合理的な決定を無視する自由である。この視点において、スポーツにはそれ自体の価値があり、内在的な価値がある（この実存の成功を物質的に表現しうることを排除するものではない）。シンボリックな死の後では、競技者は生活基盤さえ保証されないかもしれない。彼の記録は、いつの日か破られるだろう。彼のスタイルは時代遅れのものとみなされるようになるだろう。彼のメダルは忘れ去られるだろう。特定の機会に、彼のインタビューやトークショーで繰り返し広められた彼の記憶は、しだいに聴衆に飽きられ、煩わしいものにさえなりえるだろう。結果のリストに記載された彼の名前と彼自身の記憶以外には、もはや何も残らないということもありえるだろう。

競技者の実存の意味は、厳格に個人的である。競技者としての実存の意味は、他者にとってのモデルではない[3)]。確かに、彼のドラマは大きな感情と関心を呼び覚ましうる。しかしそのドラマは、彼自身と個人的（persönlich）に結びついたままなのである。誰もそのドラマと彼自身をわかつことはできない。自分自身の人格（Person）への中心化はしかし、彼のドラマチックな生の意味を減じるものではない。彼のドラマチックな生は、彼自身にとって意味を充たす深い実存なのである。他者が彼の業績の意味も、彼とわかちえるとは言わないまでも、少なくとも彼の成功は郷土の人々によって評価され、リスペクトされうる。そのうえ彼は、地元地域や出身地方からも誇りとされるのである。それゆえ、古代ギリシアにおいては、政治や芸術と並んで、競技は最も高く評価される文化活動に属していたのである[4)]。オリンピアのスポーツにおいて、競技者は自分自身のために、彼の名誉のために、彼の名声のために、そして彼のポリスのために戦ったのである。

2.　競技者の生へのひとつの形式の付与

ギリシアの競技は、スポーツ選手の生に個人的な意味を付与することを可能にした。ギリシア文化の過去の文字記録には、オリンピックの勝者の名前が記録されている。ギリシア文化圏全体の暦年数である、それぞれのオリンピック期間（4 年間）には、スタジアムでの徒競走の勝者の名前が与えられた。競技者の生の意味が、後に生まれる哲学の学校と同じように、魂的にかたちづくられていたということは、承認しうるだろうか。もしこの推測が認められるならば、競技者の実存のドラマは、競技者の生にひとつの形式を付与する倫理的な意味を持っていることになる。このピエール・アドとミッシェル・フーコーによって提唱された解釈をたどってみよう[5)]。競技者の生の形式は、彼によって自由に選択されている。彼は、自らの競技者の生を導くとき、その生が美しい形式を得られるように配慮している。そのために彼はリスクを選択し、最高の勝利を手にし、敗北を絶対的に避けようとする[6)]。彼の至上の目的は、単に勝利することだけではなく、素晴らしい競技者の戦いにおいて勝利をおさめることである。この至上の要求を満たす、アゴーン（競技精神）における卓越性がはじめて、彼の実存に正しい形式を付与するのである。競技者の実存という言葉によって、道徳的な振る舞いが考えられているわけではない。19 世紀にようやく、教育学による古代のアゴーンのつくり直しによって、競争の道徳化が生じたのである。ある良い形式という意味におけるアゴーンは、次のことも同時に意味している。すなわち、対戦者の意図の持続的な破壊、対戦者の夢の破砕、対戦者の競技能力への誇りの粉砕である。

この点において、競技者のキャリアの最も重要な目的は、形式に相応しいかたちで自らの実存を満たすことである。この目的にとって、自由は必要不可欠な条件である。とりわけ自由はどのようにしてある目的を選び取り、どのようにしてその目的にむけて努力し、その目的を実現させるかというやり方のなかに現れる。ミッシェル・フーコーは、生の形式の選択と、その生の形式の実現に必要な活動を、古代ギリシアの表現を用いて epimeleia heautou、すなわち自己への配慮と名づけたのである。自分自身の実存の形式へのそのような努力は、ギリシアのポリスにおいて、特定の社会集団、特に哲学的な興味を持っていた集団に見出される。最も早く、最も重要な、この原理の実現化は、プラトンによるソクラテスの描写のなかに現れている。アドが示しているように[7]、ソクラテスの「汝自身を知れ」という原理は、知的な認識の理想ではない。自己の探究という意味における認識的な自己関係が表現されているのではなく、それは魂的なアスペクトのもとでのある活動としての実践的な行為にむけられているのである[8]。

アドとフーコーの論述から、私は次のように推測する。その理想像は、哲学的な形式化がおこなわれるよりも、およそ 2 世紀先行したオリンピックの競技が先駆者である。精神的な訓練において獲得される哲学的な実存の形式をソクラテスが育むより前に、ギリシアの競技において、競争によって形式に相応しいかたちで実存を満たすことへの努力が生まれていたのである。この推測は、例えば、規則、賛歌、神話の物語を通じて表現されたオリンピアの勝者への尊敬によって支持される[9]。自己への配慮のコンセプトを「英雄の時代」（ヤーコプ・ブルクハルト）に応用するならば、そのコンセプトはアドとフーコーのパースペクティヴのなかでひとつの哲学的な意味を獲得する[10]。競技者は、倫理的な原則にしたがっているという理由からのみ賛美されるのではなく、彼の日常的な生の内側に競技者の実存を生み出す自由を有しているという理由からもまた、賛美されるのである。それはあたかも、彼が芸術作品を創造するかのようである。いや、それ以上のものである。というのも、競技者はその形式を死んだ物質からではなく、彼の青年期の生きた身体から作り出すからである。彼の競技者の実存の意味を、彼はその時期の内側に見出すのである。競技者の象徴的な死の後、彼の実存はもう外側からのみ観察されうるだけであり、もはや内側から理解されうることはない。彼の実存は、競技者の実存をはぎ取られた影像のような何ものか、ピエール・フレイシネが名づけた競技という作品（œuvre athlétique）、あるいは競技者の作品（Œuvre）として捉えられうるのである[11]。

3.　自由を保持することの難しさ

近代スポーツにおいても、競技者の作品をかたちづくる自由を獲得する可能性はあるのだろうか。その可能性は、今日でも存在しているかもしれないが、その自由が実現されることは極めて稀である。近代スポーツは、競技者の自由な選択を妨げる他の原理に基づいている。このことは、今日、競技者の自由な自己決定を極めて困難なものにしている三つの傾向によって、より正確に示すことができる。代理機能、神話学、記録の追求である。

代理機能：19 世紀のはじめ、スポーツが生まれたイギリスにおいては、スポーツはジェントルマンの情熱によるものであった。ジェントルマンの理想は、いかなる金銭的な利害関心も斟酌しない、まったくの真剣な積極的参加（Engagiertsein）を求める個人主義的な活動であった。この態度は「蕩尽の経済学」（ジョルジュ・バタイユ）として特徴づけられる。あるスポーツマンの実存において、競技者の活動は唯一の価値ある内容であった。この「身体のアートのためのアート」（ピエール・ブルデュー）[12]は、物質的な利益を許さなかった。その活動は美的な生の形式であり、自己目的であった。しかし、それはもはや理想とはみなされず、欺瞞的なものにさえなった。貴族からスポーツへの情熱を継承した、スポーツの市民的な愛好者たち—すなわちアマチュア[13]—の実存は、ある異なる側面を持っていた。彼らは、自らのための金銭を稼ぐ仕事もしていた。彼らの実存は、強力な資本主義と非目的的な情熱、すなわち「ドゥ・コメルス」[14]との間で引き裂かれていた。アマチュア原理を使って、市民階級のスポーツ選手たちは、例えばボート競技における船頭やボート建造者、陸上競技におけるトレーナーやスポーツ教師のように、彼らの職業的な活動によって、スポーツと何らかの関係を持っていたり、そのスポーツ種目に必要な力や能力と何らかの関係を持つ競争相手をすべて締め出したのである[15]。この彼らの職業によって競技者の特性を鍛えることができるあらゆる人々の排除を通じて、市民的なスポーツの愛好者たちは（19 世紀末頃には）、高められた社会的な地位と著しい社会的な差異化を獲得し、積極的にスポーツをする人々のサークルを形成したのである。このグループへの参加が認められることは、高貴な社会階級への所属と同じ意味を持った。スポーツの競争への参加は、高い社会的ステータスを代理する証になった。このようにして、スポーツの代理機能が形成されたのである。

オリンピック大会が創設されたとき、クーベルタンは競技者たちを彼らの国家の代理と説明した。彼の個性的な解釈のなかで、国家は近代におけるギリシアの神々の継承者になったのである。現代においても、代理の考え方は競技者たちに受け継がれている。例えば、競技者たちが勝利の後の名誉の周回において彼らの身体を国旗で包んだり、彼らの用具につけられた企業のロゴをカメラの前に差し出すなど、競技者たちが彼らの国やスポンサーの代理人のように振る舞うときである。このジェスチャーによって、競技者たちは、彼らの勝利の満足を自らが生み出し、その最高の瞬間に彼ら自身だけを感じているのではなく、彼らは国家（あるいはスポンサー）のシンボルによって高揚していることを披露しているのである。より厳しい評価をすれば、このことは、彼ら個人の自己の没収へと歩を進めているのだと解釈することができる。彼らの自己の一部は、彼ら自身に属しているのではなく、彼らの国家（あるいはスポンサー）に従属しているのである。

神話学：近代のオリンピック大会は、クーベルタンによって、ギリシア神話の虚構のルネッサンスとして構想された。それは発明された歴史が決定的に関与した、19 世紀の典型的な歴史の発明であった[16)]。オリンピック大会をめぐる大量の情報の欠如は、観衆の多くには知られていない。それらの情報のいくつかだけが、他の多くの情報に代理的に言及しているに過ぎない。オリンピックの平和[17)]とマラソン（いずれもローマ時代におけるヘレニズムの発明）、オリンピックの聖火リレー（ナチスの官庁による計画）[18)]、「より速く、より高く、より強く」というモットー（ローマ人が競技の試合を実践していなかった事実を考慮せずに、学校長のペーター・ディドンがギリシアのゲームを特徴づけたラテン語の格言）、平和な世界と政治的なメッセージの排除を目的とするオリンピックの「理念」（近代にオリンピック大会を新設するためのクーベルタンの説明）である。おそらく近代オリンピック大会の最も影響力のある神話は、競技者たちの英雄主義であろう。メディアによって英雄として描き出されることで、競技者たちは彼らの自立性を失うのである。この喪失は、とりわけ彼ら自身の人格（Person）が英雄として描写される、その彼ら自身の願望によるものである。この欲望が競技者たちを、自己自身をリアルに把握することの困難さへと導くのである。彼ら自身は、現実の世界において誰なのであろうか[19)]。

記録：新しい記録による従来の数字の更新は、近代スポーツの核心ともみなされるものである。一般的に、記録とは、いくつかの例外を除けば、比較的短命な存在である。記録はもっぱら量的に表現されるものであり、行為の質や、競技者の生にとっての行為の意味については何も表現しない。今日では、観衆とメディアにとって、数字がスポーツのほとんど唯一の証である。競技者の自己評価は、計測され、メディアによって評価された結果に、かなりの部分が依拠している。つまり、競技者たちはどのようにしてそれを達成したのかは無関係だと信じているのである。単なる数字と一般の人々による承認への信頼によって、競技者たちは彼らのスポーツ的な行為の質への彼ら自身の評価を失っている。彼らは、何が彼らにとって本当に意味があるのかを決定する自由を失っているのである。

記録への努力によって、スポーツは社会にひとつのモデルを提供する。それは経済、科学、政治のシステムによって、喜んで受け入れられてきたモデルである。それは競争者の記録の更新を表現し、彼らの対戦者からの優越性を目に見えるかたちで強調する。しかしスポーツは、経済のためのモデルの提供者であるだけではなく、スポーツはモデルの提供者の側からも、この高い資金投資の評価を受け取る。スポーツの循環過程への資金の投入は、利益としてのみ歓迎されるのではなく、業績を高める動機とも理解されるのである。過去数十年間の欧州サッカーにおこったように、経済的な投資に基づいて、あるスポーツ種目の結果が飛躍的に改善されうることは間違いない[20)]。経済的な領域においてはしかし、もっぱら構造とシステムが重要なのであり、彼ら自身のために人間の主体が重要になるわけではない。あらゆる行為が、人間のあちら側の水準にむけられる。つまり、あらゆる行為が数字の国における運動なのである。経済システムの部分として、プロのスポーツは現在、競技者たちが彼ら自身の実存を没収し、公的な人物像になることに影響をおよぼしている[21)]。これに対して、過去においてスポーツは人間そのものと関係していた。競技者がスポーツにおいて彼の投入によって到達しようと望んだものは、経済的な合理性によっては生み出されないものであった。彼のおこないは、何ひとつ生産しなかった。非生産的な遊戯であり、リスクと目的のない行為の喜びであった。彼の第一の行為の目的（彼が他に行為の目的を持つことも排除されない）は、古代の、すなわち経済以前の時代に由来する名声の、栄誉の、そして個人の実存を高める記録簿だったのである。

4.　自己決定としての自由

古代に由来し、近代においてはわずかな、しかし極めて重要な思想家たちによって再び取り上げられてきた個人的な動機は、古代のスポーツにおいて実現されていた。すなわち、自分自身を所有するという目論見である。以下において私は、競技者が彼自身の実存の決定を取り戻すことが、今日でも可能なのかという問いを追求する。そのようなスポーツの核心とは、上に述べたように、自分自身の人格と自分自身の生の自己決定の自由にある。セーレン・キルケゴールは、1894 年の自著『死に至る病』において、ひとが自己であることの困難さについて語っている[22)]。似たような問題は、ニーチェにとっても重要であった。彼はその問題に関して、現代の人間にとっては、自己自身に諾と答えられるか否かが重要である、という言い回しを与えている。一見、そこには社会的なアイデンティティを構築すること、あるいは交渉すること、というポストモダンの思想との類似性がある。重要なのは、彼の自己を生み出す、あるいは社会的な環境に対して自己の構想を一貫させることではない。ひとがひとつの自己であることが重要なのである。私－自己—存在は、探求されるのでも、構築されるのでも、自分自身の自己の発見でもない。私—自己—存在は、ひとつの特定の主体であるという信念のなかに、その出発点を持つひとつの過程なのであり、その存在を自分自身の行為の現象のなかに実現させることに、彼の努力と彼の自己への配慮を向けることで、それは固有の自己として現実的な現在に存在することになる。

この過程にとって決定的に重要なのは、現在と未来の自己の関係である。つまり、その都度の現在において、私は特定の自己である。もし私が全力で他の自己であろうとするならば、私は新しい自己に到達するより前の時間に、私に与えられた自己を拒否することになる。これが記録への努力によって新しい自己を所有しようと望んでいる競技者の状況である。しかし、彼が努力して手に入れようとした目標—自己に彼が到達したとき、それはどうなるのであろうか。そのとき彼は、もしかすると不幸であるかもしれない。なぜなら、彼はもはや過去の自己ではないからである。この経験について、卓越した一流競技者たちが苦言を呈している。有名になったことで公共の世界で身動きがとれず、分別もなしに、いつも話しかけられ、サインの依頼に煩わされるようになったからである。

この過程において、彼の未来の自己を構想することは、競技者にとっていかなる役割を担うのか。もし彼が現在のスポーツシステムの論理と一致した自己のイメージを持っているなら、この自己は彼が設定した目標ではなく、彼が外的に刺激されて彼の空想のなかで生み出したひとつのイメージであるという危険をおかしている。つまり、彼が未来のプロジェクトから現在の自己を見るとき、その自己は彼にとってすでに過去の自己なのである。ある未来の自己のイメージによって、彼の現在を失うという危険が生まれているのである。

現在には何があるのか。現在には、私たちが現在を生きていること、私たちが現在において生を営んでいることがある。しかし、未来に行為している自己のためではなく、現在、私たちに与えられているすべてのもののためにある。そのすべてのものは私たち自身から、私たちの可能性の豊かさから、私たちの生物学的な装備品から、私たちが生きている人間の集まりから、与えられているのである。もしアルノルト・ゲーレンのように、人間の性質を、あるひとつの欠乏、完全性の欠損と特徴づけるならば[23]、それは重大な誤りである。いずれの人間も、彼に現在与えられている可能性の豊かさのなかに生きており、それを基盤にして彼の未来の行為に約束を与えるのである。人間は、彼のアクチュアルな自己を評価しえるのであり、ニーチェのように諾と答え、自己決定の自由を約束できるのである。

現在において何らかの未来を約束することは、何を意味しているのか。約束を満たしたときにはじめて、未来に約束の事実が現れるのではないのか。この問いに答えているのが、ルートヴィッヒ・ヴィトゲンシュタインである[24]。何らかの約束は、約束する現在における人間の態度に示される。彼の信頼と彼の伝言を、彼が約束した他者と未来に、彼のその態度が示すのである。約束の事実にとって重要なのは、それが実現される未来の時点ではなく、彼の現在における主体の自己関係なのである。約束の時点から、その約束を果たせるように、世界における自らの行為と自らの積極的な参加に全力を尽くす、ひとりの人格こそが問題なのである。

この考察から、現在の自己の高い価値が導かれる。自らの約束を果たすために努力する人格は、自らへの諾を口にし、他者からの承認を正当に期待しうるのである。約束した人格は、空虚な人格でもなければ、欠損した現在を有しているのでもない。まだ約束を果たしていないだけなのである。もし若い競技者が、彼がまだ実現させていない、可能性の豊かさを有しているのならば、彼はその可能性を未来のための約束とみなすことができる。彼の能力をまだ完全に育んでいないだけなのであるから、彼の競技者としての自己は不十分なものではない。彼自身と他者はその成長を期待しているが、それは欠損の状態なのではなく、成長のなかに包含されている豊かさなのである。その豊かさは、彼がいついかなる具体的な目標に到達しえるかを、彼が正確に言えることとは別に、現在に与えられている。もし、この状況下にある彼に、記録の時間や業績の高さといった、特定の量的な目標があらかじめ与えられるならば、その結果にまだ到達していない彼の状態は、不当にも、欠損とみなされるだろう。

しかし競技者は、要求された業績に完全には到達しないかもしれないが、それによって他の多くの能力が育ち、重要な経験をする。そのとき、彼は目下の失敗にいかに反応するであろうか。彼が—キルケゴールが言うように—彼は何であるのか、に疑念を持つ危険性は大きい。彼は、彼が期待していたものになれなかったのだから、彼が期待していたものを疑うのである。それと同時に彼は、彼がもはやそうでないものについても疑うのである。彼はもはや、可能性の豊かさに溢れ、希望に満ちた競技者ではない。

しかし、もし彼が彼の目標に到達した場合はどうであろうか。彼が目標への到達を喜んでいると考えるかもしれない。最初の瞬間、彼はおそらく次のような感情を抱くだろう。つまり、勝利のわずか一瞬、競技者は彼のスポーツ選手の実存の完璧な幸福を感じている。しかし、最初の幸福の一瞬が過ぎ去ったとき、多くのスポーツ選手たちの証言によれば、別の感情が生じている。スポーツ選手たちは、彼らの人物、すなわち人格性の実質的な変化を感じてはいないのである。勝利あるいは記録は、スポーツ選手たちを本質的に変えるわけではない。彼らは、彼らの自己のより高い状態へと到達したわけではないのである[25)]。すぐにスポーツ選手たちは、勝利の繰り返しと新しい記録の更新を約束する。彼らの自己は、以前より良い状態になったわけではない。スポーツ選手たちは、相変わらず、彼らが何であるのかを疑っている。つまり、成功によっては何も変わっていない人格についてである。そして彼らは、彼らがもはやそうではないものについても疑っている。つまり、かつての希望に満ちた競技者と未来の勝者についてである。

特定の具体的な目標を追い求めるとき、競技者は彼の現在の自己に否を言う。その目標設定によって、彼は彼のアクチュアルな現在の価値を引き下げる。自分自身に諾を言うことが、後の成功の地平へと先延ばしされる。いずれの一流の競技選手たちも、彼が自らの目標に到達していない限りは、自らを欠損と感じることへの疑いを知っている。この状況にあっては、競技者が自分自身で決定し、彼の自己を自由に実現すると、競技者が信じるのは宿命的である。競技者は、外的に決定され、捜査され、あるいは騙されるという印象を持っていない。私の結論はそれとは異なっている。つまり、競技者は、彼自身の自己と結びついた自由の概念ではなく、タイトル、ランキング、表彰、ヒーローの修辞学によるスポーツのシステムが彼に与える目標と結びついた自由の概念を選んでいる。競技者に誤った偉大さと永遠性といった暗示をかけるために、あらゆるジャーナリスティックな可能性とイメージの可能性が動員される。それとは逆に、古代のスポーツにおいては、競技者は彼の自己の豊かさと関係していたのであり、彼は現在においてその豊かさを十分に生きようと努めていたのである。

5.　競技という作品への配慮

この状況のもとで、私の問いは次のようなものである。近代スポーツにおいて自己決定の自由を獲得するために、いかなる提言ができるのか。今日では、根本的な思考の転換だけが、スポーツに新しい方向性を付与できるだろう。このことは競技者と観衆に承認されるに違いない。競技者と彼の自己との関係の誤りを終わらせることは、おそらく可能だろう。現在のスポーツにおいて自明のものとして現れている多くのことが、新しく考え直せるものである。現在の自己の喪失へと導く記録への努力、競技者を彼の国家の代表に任命し、それによって彼自身を部分的に失わせる代理機能のイメージ、結局のところ、自己を新しく規定し、現在を失う可能性である。私たちは倫理的―美的な実践の古代の教義から、自由な男（今日の私たちは、そこに自由な女性も加えられる）が自己に配慮していたという洞察を獲得する。同じように、競技者の実存のためにも、配慮の態度を描くことができる。私たちは競技者のキャリアが終わったあとで、彼が仕事に従事する日常の生活をイメージできるが、競技者は一流競技者であった彼の実存を、その実存の全体において眺める視点を獲得できる。私は自らの競技者の生をいかに生きたのか？　それによって、どのような作品（Oeuvre）を生み出したのか？　競技者としての私のかつての自己と、私はいかなる関係を築くのか？　この種の問いは、人間の日常の実存に対しても立てられるものである。確かに私たちは、その生が閉じたときにはじめて、それらの問いに答えることができる。かつての競技者は、それとは逆に、生のただなかで、その視界を獲得できるのである。彼の競技者の生は、彼のキャリアの終わりによって閉じられる。彼の象徴的な死は、彼のスポーツの実存を振り返り、それを倫理的に判断するチャンスを彼に与える。競技者としての私は、見事な生を生きたのか？

彼の現実の死の瞬間に、その視点を獲得した哲学者がいる。処刑を前にしたソクラテスである。彼がその瞬間に立てた問いは、哲学を超えて、より重要な意味を持っている[26)]。私の生は、ひとつの喜び（Lust）なのか、それとも重荷（Last）なのか？生に対する私の態度は愛なのか、それとも嫌悪なのか。ソクラテスの答えは両義的なものである。『饗宴』においては肯定的に答え、『パイドン』においては生への賛同を拒否している。前者の答えに関しては、プラトンの作品の重要な章句が次のように伝えている。ソクラテスは、美しい若い男たちを眺める男であった。彼は牢獄で詩を作り、夢のなかで彼にむけられた、彼を求める声をつづった。「さぁ、ソクラテスよ…音楽をかなでよ」[27)]。音楽と詩の芸術は、生を愛する手法である。しかしまた、彼が自らの死によって生の重荷を降ろすことを喜んだとするソクラテスの他の言葉も存在する。

競技者が象徴的に死ぬとき、競技者は肯定的な答えを示す。スポーツは喜び（Lust）としての生を感じる以外の意味を持たないかのようである。確かに、競技者の象徴的な死は、身体への服従から解放されるチャンスでもある。この思考は、競技者にむけられたパラドクスであるかのようである。しかしいずれのスポーツ選手も、自己を観察することの、自らに聞き耳を立てることの、病気の症状や悪い調子の兆候を探すことの、あの恐ろしい瞬間を知っている。キャリアの終わりによって、競技者は彼の関心と配慮の中心である自らの身体から解放される。もう身体はその僭主に—あるいは彼自身の身体妄想と言うべきか？—引き渡されないのである。彼の身体は彼にとって、もはや彼の最も集中した注意をむける対象ではないのである。しかし、彼が手にしたままであるのは、彼の競技者の作品である。たとえもし、多くの観衆が忘却してしまっているとしても、それは彼の生涯を通じて、彼の記憶と身体感覚に居合わせているのである。それによって彼は、彼自身の締めくくられている競技者の生に、彼がいかなるかたちを与えたのかを認識できるのである。彼の過去の古い自我の観察において、彼は自らの日常の生にとって哲学的な意味のある問いに答えることができる。社会とスポーツのシステムによって競技者の生を取り囲んでいる誘惑、神話、イマジネーション、強制を超えて、競技者は彼の自由を獲得できたのだろうか？　競技者は、彼の実存のドラマを良き生として、真の競技者の作品として形成することができたのか？

私がこの論文で展開してきた、競技という作品への、かつてのスポーツ選手の振り返りという思考とともに、私は反復可能性というコンセプトをスポーツの倫理的な観察に導入する[28)]。ひとつの競技者の作品へと形成された生において、競技者は彼のキャリアの成功だけではなく、キャリアの批判的な要因とも出会うのである。回顧において、競技者は彼の誤りと不満を繰り返し新たな振り返りによって凝視することになる。彼はなそうとするのか、しないのか、彼は彼のスポーツ選手の生の倫理的な内容に注意を払うようになる。美しい競技という作品に関心を持ついずれのスポーツ選手も、キャリアのただなかで自己への配慮を倫理的な振る舞いにむけるのである。

もし競技者が良い生を送る決心をするなら、彼は彼の「生の絨毯」（L.Wittgenstein）において一貫した模範を作り出そうと努めることになる。それは他者や社会によって与えられた模範ではない。それは彼の個人的な行為において実現される。この模範によって、彼の生と競技者の行為がかたちづくられる。それは通常の理解とちょうど逆の関係にある。倫理的な戒律が人格とその人のスポーツの行為をかたちづくるのではなく、人自身が自らの行為に倫理的な形式を与えるのである。その人のスポーツの行為は、ルールの遵守によって形式づけられ、そのルールの遵守が競技者の戦いの威厳を生み出し、他者との関係をかたちづくる。その遵守が競技者の行為の基本模範をなすのである。この模範がスポーツにおいて訓練されるという点において、競技者は、競争における彼の行為と彼の日常的な実践に共通する基盤を獲得するのである。

競技者のスポーツの業績は、観察者の客観化された視点において、外側から判断される。もしスポーツ選手が、それとは逆に、彼が倫理的な意味において良く行為したか否かを問うとき、彼は個人的な視界において、内側から観察するのである。内側と外側の視点の交換は、競技者の実存に典型的なものである。競技者は、他者から知覚される業績を生み出す。それと同時に、競技者は原因と評価の両方になる行為として業績を体験しているのである。他者と対戦する競争のアゴーンという状況は、常に内的視点と外的視点の視野の交換を要求する。行為者として競技者は、彼の行為を外側から知覚する他者も、彼と同じように、両方の視野を同時に結合させることを知っている。競技者が良い生を送ろうとするならば、スポーツの競争において競技者は、倫理的な視点のもとで彼によって要求されていることを、彼の行為が実現させているかを繰り返し確かめなければならない。視野の交換は、自分自身との常なるダイアローグである。競技者の眼前に現れているものを観客が体験することは稀である。その原因は、スポーツ選手たちの明示する力の不足にあるのではない。だが、スポーツ選手たちが、彼らの内的な吟味と決心についての見解を求められることはほとんどない。もし観客が彼らの内的なダイアローグの倫理的な質をより多く経験したいと望むならば、スポーツ選手たちの表象は、本質的に豊かなものとなるだろう。

《注》

1） 特に次の文献を参照。Johan Huizinga: Homo Ludens. Vom Ursprung der Kultur im Spiel, Reinbek: Rowohlt 1956; Roger Caillois: Die Spiele und die Menschen, Maske und Rausch, Frankfurt a.M. u.a.: Ullstein 1982(franz. 1958).

2） 多くの競技者において、特に学生の競技者において、それらの後退はスポーツの経歴の中断やアカデミックな職業へのやる気の移行をもたらす。次の実証的研究も参照。G. Gebauer/S. Braun/Ch. Suaud/J.-M. Faure: Die soziale Umwelt von Spitzensportlern. Ein Vergleich des Spitzensports in Deutschland und Frankreich, Schorndorf: Hofmann 1999.

3） これはハンス・ウルリッヒ・グンブレヒトの著書の最も重要なテーゼである。Hans Ulrich Gumbrecht: Lob des Sports, Frankfurt a.M. 2005.

4） Paul Veyne: Was faszinierte die Griechen an den Olympischen Spielen?, in: G. Gebauer (Hg.): Olympische Spiele – die andere Utopie der Moderne. Olympia zwischen Kult und Droge, Frankfurt a.M.: Suhrkamp 1996, S. 39-61.

5） Pierre Hadot: Qu'est-ce que la philosophie antique? Paris: Gallimard 1996; Michel Foucault: L'herméneutique du sujet. Cours au Collège de France. 1981-1982, Paris: Gallimard, Seuil 2001. アドとフーコーは、この考えを真っ先に哲学者の生と関連づけている。

6） 敗北は、ギリシア人たちにとって、たとえ彼らが偉大な対戦者に敗北を喫したのだとしても、屈辱的なものであった。

7） Pierre Hadot: Eloge de Socrate, Paris: Allia, 1998; ders.: Qu'est-de que la philosophie antique? a.a.O., 46-69.

8） ミッシェル・フーコーは、アドのかつての研究に影響されたこの解釈を、彼の後年の講義において取り上げている。L'hermeneutique du sujet, a.a.O., S. 3-42.

9） Gebauer,G.:Olympische Spiele. Stuttgart: Reclam, 2020.

10） 両者の生の形式にはしかし、見過ごせない違いがある。ソクラテスによって、自己への配慮は、すべての思考に生きる人々の、すなわち哲学者の魂的な訓練において実現される精神の仕事となる。それは明確に、身体への愛のうちに消滅する生のあり方に対峙し、身体を愛する人々に対峙している。『饗宴』におけるディオティマの物語が示しているように、ソクラテスは決して人間の身体を軽視していたわけではない。しかし、美の観念と、それらと隣接する善なるものと美なるものの観念を高めるために、身体の美に刺激を受けた愛の高揚を取り上げている。

11） 競技という作品のコンセプトは、ピエール・フレイシネの著書において展開されている。Le sport parmi les beaux-arts, Brüssel: Dargaud 1968.

12）Pierre Bourdieu: Historische und soziale Voraussetzungen des modernen Sports, in: G. Hortleder/G. Gebauer: Sport-Eros-Tod, Frankfurt a.M.: Suhrkamp 1986, S. 91-112, S. 95.

13）「アマチュア」という言葉は、「愛好家（「芸術愛好家」と同じ）」と、「アマチュア」すなわち物質的な賞品なしに情熱によって活動する者という二重の意味を持っている。

14）この概念に関しては、Christiane Eisenberg: „English Sports" und deutsche Bürger. Eine Gesellschaftsgeschichte 1800 – 1939, Paderborn, München, Wien, Zürich: Schöningh 1999, S.57-68.

15）Allan Guttmann: Ursprünge, soziale Basis und Zukunft des Fair Play, in: Sportwissenschaft 1, S. 9-19, 1987.

16）Thomas Alkemeyer: Körper, Kult und Politik. Von der, Muskelreligion Pierre de Coubertins zur Inszenierung von Macht in den Olympischen Spielen von 1936, Frankfurt a.M.: Campus 1996. 特に第二章と第五章。

17）Wendy, j. Rachke im Nachwort zu dem von ihr heraus gegebenen Band: The Archeology of the Olympics. The Olympics and Other Festivals in Antiquity, Madison: Madison UP 1988.

18）Hajo Bernett: Symbolik und Zeremoniell der XI. Olympischen Spiele 1936, in: Sportwissenschaft 4, 1986, S. 357-397.

19）Gunter Gebauer: Das Begehren des Athleten, in: G. Hortleder/. Gebauer: Sport-Eros-Tod, a.a.O., S. 167 -187.

20）この上昇に影響を与えるのはお金そのものではなく、高い収益によって可能になる競技スポーツのプロ化が影響を与えるのである。

21）このことは、たいていの場合、メディアに構想され常に更新される成功した選手の「オーダーメイド」の伝記によって生じている。そのようなやり方で、競技者はセレブの「名士」にされる。近代芸術における最も創造的な過程であり、アバンギャルドの芸術として表現しえた芸術家の生産物が、カリスマ的な創造者（マルセル・デュシャンとヨーゼフ・ボイスにおけるような）の伝記の生産だったのである。しかしスポーツにおいては、競技者が最も好意的な場合に取り上げられる純粋なメディアの生産物である。それによって、例えばボリス・ベッカーの場合のように、写真入りの名声が調達される。

22）Sören Kierkegaard: Die Krankheit zum Tode, übersetzt von Hans Rochol, Hamburg: Meiner 2005. キルケゴールの思想から、私は自己関係を獲得することの困難さについての結論だけを引き継いでいる。キリスト教の信仰における飛躍へと導く極めて複雑な思考の動きを、私はここでは考慮に入れていない。それはこの論文の問いとは異なる他の問題に答えるものである。

23）Arnold Gehlen: Der Mensch. Seine Natur und seine Stellung in der Welt, Wiesbaden: Athenaion, 1978.

24）詳細は、Gunter Gebauer: Wittgensteins anthropologisches Denken. München: Beck 2009, S.148f.

25）Gunter Gebauer. Das Begehren des Athleten, in: G.Hortleder/G.Gebauer: Sport-Eros-Tod, a.a.O., S.174-185.

26）以下の論述に関して、私はピエール・アドのソクラテス解釈にしたがっている。Pierre Hadot: Eloge de Socrate, a.a.O.

27）パイドン、60d.

28）反復可能性というコンセプトは、ニーチェの「永劫回帰」の概念に基づいている。Friedrich Nietzsche: Also sprach Zarathustra. In Ders.: Kritische Studienausgabe, Bd.4, Berlin/New York: De Gruyter, 1968.

第二部　スポーツ

第四章

身心文化論としての「足球文化論」

—サッカーの源泉をめぐる思索—

上泉康樹

はじめに

2020年11月25日、サッカー史にその名を残すアルゼンチンの英雄ディエゴ・マラドーナが、60歳でこの世を去った。マラドーナといえば、1986年メキシコW杯での「神の手ゴール」や「5人抜きドリブル」、1994年アメリカW杯でのドーピング検査陽性による追放処分、私生活での度重なる違法薬物の使用など、ピッチ内外で人々の注目を浴び続けた、まさに光と影の英雄であった。

文化人類学者の今福龍太は、このマラドーナを「偽善に反逆した民衆の神」と称して、「朝日新聞」に追悼の文章を寄稿している。マラドーナが、貧しい民衆の夢を共有するという幸福をピッチで体現し続けた一方で、かれの数々のスキャンダルは、「お仕着せの制度によってがんじがらめになった現代社会の硬化や抑圧から、民衆を解放する決死の挑発であり、叛乱にほかならない。ほとんど自らの瓦解の危険すら背負うほどの……。その孤独な闘争の果てで、ディエゴの肉体は傷つき、彼は逝った。偽善的な道徳に最後まで反旗を翻し、しかしけっしてボール（＝心）の真実を汚すことなく」[1]。

このマラドーナに宿っていた「民衆にとっての唯一無二の地上の神」あるいは「道化的で悪戯好きの神」。実は、その形象がフットボールの本質と根源的な魅力を最も先鋭的に表しているのではないか、と筆者は考えている。

本稿では、上のようなフットボールの象徴としてのマラドーナを足がかりにして、サッカーやラグビー、アメリカンフットボール、フットサル、ビーチサッカー、セパタクローなど、ルールによって規格化されたフットボール—すなわち、カイヨワ[2]のいう「ルドゥス」としてのフットボール—ではなく、むしろ、古代中国の蹴鞠（スーチュー）やアステカ文明のフエゴ・デ・ペロッタ、イングランドの民族フットボール、イタリアのカルチョ、日本の蹴鞠（けまり）、現代のフリースタイルなども含めた、世界のあらゆるフットボールの「地」として存在し、様々なフットボールが「図」として形成される以前のフットボール―すなわち、カイヨワのいう「パイディア」としてのフットボール―、まずはこの次元からサッカーへと思索をめぐらしてみたいと思う[3)]。

また、「パイディア」としてのフットボールと、上に列挙したようなサッカーやフットサルなどの「ルドゥス」としてのフットボールは、「類と種」「質料と形相」「地と図」の関係にあると、ひとまずは考えられる。すなわち、無規定な素材である「パイディア」としてのフットボールが、ルールや戦術などのロゴスの規定をえて、規格化され形式化された「ルドゥス」としてのフットボールへと現実化しているというのが、本稿の論理的なマトリクスである。

ただし、あらかじめ踏み込んでいうと、フットボールにおいては「足と手」も「足と心」も「足とボール」も、それぞれ「類と種」「質料と形相」「地と図」の関係にあることが、以下の考察によって明らかとなってくるであろう。あるいは、それらの関係の転換も、本稿の目論見として、一方では存在するということを、ここで前もって指摘しておく。

ところで、'football' を、文字通り日本語に直訳すると「足球（そっきゅう）」であるが、明治期にサッカーが西洋から日本へと移入された際に「蹴球（しゅうきゅう）」と翻訳され一般化してしまったのは、樋口が指摘するように、日本古来の「蹴鞠」という伝統的な貴族の遊芸を通してサッカーを理解しようとしたためであると考えられる[4)]。本稿でも、この樋口の指摘を踏まえ、フットボールの考察を「足（あし）」と「球（たま）」の複合語である「足球（そっきゅう）」から始めた上で、この語頭にある「足」の分析を「ふれる足」と「立ち足」に分け、さらに、前者の「ふれる足」については、主に「手（ふれる）」や「球（ボール）」との関わりにおいて、他方、後者の「立ち足」については、主に「大地（ピッチ）」との関わりにおいてそれぞれ見ていくことにする。あえて「足球」を「足」と「球」に分けて考察しないのは、フットボールにおける両者の相互浸透を見失うことのないようにするためである。

なお、日本語には「手心を加える」や「天玉（あたま）」という表現にもあるように、「手」や「球（たま）」については、「心（こころ）」や「頭（あたま）」「魂（たましい）」「霊（たま）」との関わりにおいて把握されるべきであるように思われる。つまり、後で見るように、フットボールにおける「手の模倣（ミーメーシス）としての足」や「ボールによる触覚的意思疎通」からすれば、本稿においては、従来の「手（心）／足（身体）」あるいは「球（魂・霊・頭）／足（身体）」という図式を転換・再統合させて、「身心∽足手∽足球」という新たなフラクタル図式も提起しうるのではないかと考えられるからである。

この意味において、本稿の「足球文化論」は、いわば「身心文化論」の一つの試みでもある。紙面の関係上、これを「学習論」にまで展開していく余裕はないが、本稿の試みが「身心文化学習論」への発展可能性を示すことができれば、幸いである。

1.　ふれる足の感性学―ボールとの相互浸透―

フットボールの身体性について語るとき、まず思い浮かべるのが「逆立ちした身体」である。誰もが「逆立ち」をしてみればわかるように、普段は自由に使える両手は体を支えることに終始し、目がある頭は真下になり、視野も低く狭くなる。「手がふさがる」とは、まさにこのことで、直立二足歩行によって手の解放をえた人類も、「逆立ち」をすると、顔が地面に近くなり、手の操作空間を失い、手の非解放を味わうことになるのだ。

他方、「逆立ち」によって足は、体を支える役割から解放されるものの、手のように何かを掴むことはできないし、自らが全身のバランスを整えるのがやっとで、手のように片方ずつ分業することなど到底できそうにない。しかも、目と足との距離がそもそも遠いため、両者の協働も困難な状態にある。まさしく「逆立ち」は、人類にとって反自然的な行為なのである。

フットボーラーもまた、この「逆立ち」と同様に、あえて手の使用を拒否して、地面にあるボールに目を注がざるをえない状況に置かれている。そして、普段は直立姿勢を支え、移動のための反発を担っている、この不自由な足に、手のような器用さを求める。われわれは、フットボールを始めるとき、常にこの反自然性と対峙しなくてはならないのである。

これに対し、ボールを足でコントロールするには、片方の「立ち足」が、全身を支え、逆足を解放する必要がある。両手が二本の足の支えによって大地から解放されるように、「立ち足」の強力な支持によって逆足を「ふれる足」と化すことで、「手の模倣（ミーメーシス）としての足」が生まれてくるのである。

たとえば、ドイツのスポーツ哲学者であるグンター・ゲバウアが述べるように、「人間のあらゆる他の器官と比べて、手は、世界に対するより直接的な関係、より微妙な分節化、より明瞭な対象化を可能にする。私たちが手にする世界は、手の二重化された使用（〈手の運動による制作〉と〈制作のための手の運動図式の再現〉）において、一つの象徴的世界として新たに創造されるのである」[5)]。しかも、このような手のミーメーティックな象徴機能は、やがて身体全体をも巻き込み、全身を、触覚的に、自己受容的に、繊細に構造化された形態へ変化させると、ゲバウアは指摘する[6)]。

もちろん、足もまた、こうした手のミーメーティックな象徴機能に巻き込まれるのではあるが、足は、その構造上、手のような「拇指対向性」[7)]をそなえておらず、「掴む」や「握る」という行為がそもそも困難であり、しかも、先にも述べたように、足は、目からの距離も遠く、目との協働による細かい分節化も苦手である。果たして、足は、手のようにミーメーティックな象徴化をなしうるのであろうか。

だが、フィヒテによれば、毛皮に覆われた動物の場合と異なり、人間の触覚は皮膚を通して全身に広がっているとして、「自然は、われわれがわれわれの形成能力を身体のとりわけどの部分に置き入れるのか、われわれの自由に任せた……しかし、もしわれわれが望んだとすれば、われわれは身体のいかなる部分にも〔指の先〕と同じ繊細な触感を与えることができたことであろう」[8)]といわれている。

つまり、このような全身にわたる触覚的基盤が、手のミーメーティックな象徴機能を全身へと拡張する。しかも、足は、手と同じく、いや、手のように「掴めない」「握れない」がゆえに、手よりも触覚的な機能を発達させる可能性を持つのではないか。

というのも、滝浦が指摘するように、とくに「握る」のような圧迫や窒息は、「ふれる」とは異なる。触れる行為は「瞬間的」であるからである[9)]。つまり、「ふれる」行為が「瞬間的」でなければならぬというのは、「その瞬間性にこそ、触れ行くことの中に触れ来るものを感知し、自分の変動のただなかにひそかに相手の動静をうかがうといった、能動と変動の混在が象徴されているからなのである」[10)]。事実、相手に反応の余地を与えないまでに相手を圧迫する行為は、決して「ふれる」とはいわれないし、また自分の側の同じような窒息状態も、決して「ふれる」行為ではない[11)]。

「ふれる」の本質的な意味は、「こちら側にあるものがあちら側のものと瞬間的に出会い、そしてあちら側の動静を、みずからの変化のうちにうかがい知りうるまでに、能動と変動が接近することにある」[12)]。この意味では、動物の触手や触角が、触覚器官を代表するものに違いないが、人間の意識的行為としては、何よりも「手探り」にその典型が見出される[13]、と滝浦は指摘する。

たとえば、幼少の頃、道端に小動物の死体や不審な落とし物、猥褻な本などを見つけたとき、棒で突っついたり、足で蹴ったりした記憶はないだろうか。われわれは、不穏なもの、見知らぬもの、不浄なものを、いきなり手で握ったり掴んだりすることはしない。せいぜい指先で突っついたり、つまんだり、もしも手で「さわれ」なければ、間接的に道具を介して「さわる」、あるいは、道具がなければ、足で「さわる」のである。

なお、滝浦に続いて「ふれることの哲学」を展開している、坂部恵は、「ふれる」と「さわる」の違いを、以下のように述べている。

> 一言でいえば、ふれるという体験にある相互嵌入の契機、ふれることは直ちにふれ合うことに通じるという相互性の契機、あるいはまたふれるということが、いわば自己を超えてあふれ出て、他者のいのちにふれ合い、参入するという契機が、さわるということの場合には抜け落ちて、ここでは内―外、自―他、受動―能動、一言でいってさわるものとさわられるものの区別がはっきりしてくるのである[14]。

そもそも坂部にいわせれば、「ふれる」ことはつねに「ふれ合う」こと、いうなれば、惰性化した日常の領域の侵犯であり、能動―受動、内―外、自―他の区別を超えた原初の経験なのである[15]。また、「ふれる」という経験は、いうまでもなく、触覚に限られるものではない。それは、より根源的なおそらくはすべての感覚におよぶ広がりをもった基層にあるものにほかならない。

上のように、坂部は、この触覚の「内部的にはいりこむ」性質と、さわるものとさわられるものの「両義性」[16]の二つをまとめて「相互嵌入」と呼んでいる[17]。「ふれることは直ちにふれ合うことに通じる」という「相互嵌入の契機」、「いわば自己を超えてあふれ出て、他者のいのちにふれ合い、参入するという契機」が、「さわる」にはない、「ふれる」ならではの深みを作り出すのである。

また、坂部は、「見るものと見られるもの、聞くものと聞かれるものといったような主体と客体がはっきりと分離されている他の四つの感覚に対して、ふれることだけが、ふれるものとふれられるものの相互嵌入、転位、交叉、ふれ合いといったような力動的な場における生起という構造をもっている」[18]とする[19]。すなわち、坂部が主張している「ふれる」という言葉だけが対象を示す助詞として「に」という助詞をとることの意味は、このような触覚の両義的な事態からくるものなのである。

たとえば、フットボールにおいても、「に」という助詞をとる「ふれる」と、「を」という助詞をとる「さわる」の区別は、足とボールとの関係を問う上で重要な意味をもつ。ボール「を」客体として分離して「さわる」ままでは、上の「相互嵌入」は起こりえない[20]。むしろ、ボール「に」浸透し、ボール内部にある空気の圧力や振動、ひいては、そこに込められた心や魂、生命、息吹、意思などと「ふれ合う」こと―ボールによる触覚的意思疎通―が、フットボールではより高度に瞬間的に要求される。まさにここにこそ、「ボールにふれる―ふれられる足」としてのフットボールの根源的な次元を垣間見ることができるのである。

たしかに、サッカーでは1人の選手が試合中ボールにふれている時間は、90分間のうち、たったの2･3分といわれており、試合中のほとんどの時間はボールにふれていない。いくらドリブルをしていても、1回のドリブルで5秒ボールにふれられればよい方である。だからこそ、サッカー選手は、個人としても集団としても、数少ないボールタッチのなかで、お互いの意思疎通を図らなければならない。とくに、サッカーでは、試合感覚を「皮膚感覚」と比喩的に呼ぶことがあるが、これは、しばらく試合が行われていない、あるいは、試合に出場していないと、「ボールによる触覚的意思疎通」に繊細なずれが生じてしまうことの証左でもあるだろう。

さて、今度はボールの方に目を移すと、メルロ＝ポンティは、「一般に〈霊気を吹きこまれる〉と呼ばれているものは、文字通りに受け取られるべきである。本当に、存在の吸気とか呼気というものが、つまり存在そのものにおける呼吸があるのだ」[21]と述べている。すなわち、現象学的にいうと、これは、人間が、空気を吹き込むことで「もの」にある種の生命の息吹を与えることができることを意味しており、ボールもまた、単なる「物体」ではなく、まるで「生き物」のように魂や意思が込められていると解釈できる。

わが国で最初にサッカーの哲学的思索を展開した、細川周平も、「ボールに塊（ママ）（魂）があるとするならば、それは内圧と外圧のぎりぎりの緊張関係にある空気にこそ宿る」[22]として、「ボールには明らかに音色が備わっている。ゴムではなく空気が震えるからだ。その音は確かに小さい。だが蹴る人は足とボールの接触を耳で確かめ、飛ぶ先を目で追う前に既にボールに意志が通じたかどうかを知ることができる」[23] と指摘する。

細川にいわせれば、ボールは、あらゆる主体客体のヒエラルキー的秩序の〈間〉をすりぬける「寄生体」、「走れば集団を作り、止まれば個体を作る」[24] といわれるような「準客体」である。さらに、細川は、セールの準対象─ボール理論に依拠しつつ、「身体がボールの対象であり、主体はこの太陽の周りを回るのだ……プレイするとは実質としてのボールの属性になること以外の何物でもない」[25] と述べている。サッカー選手はボールとともに（によって mit）プレーする[26]。サッカーを特徴づけるのは、球が足から足へと引き継がれて移動していく際の「結節点としてのボールタッチ」、瞬間的な接触の効果にあるということが、細川によっても明らかにされているのである[27]。

したがって、フットボールにおいて「握れない」「掴めない」足は、個人であれ集団であれ、ボールの居場所を「ずらし（あそび）」続けるしかない。いわば「ポゼッションできないポゼッション」を実行し続けている。ボールに「ふれる足」は、ボールによって「ふれられる足」となり、かつ、ボールにとってかりそめの「間隙（あそび）」となる。フットボールでは、クリスマスのプレゼント交換の輪のように「体や人の動きにボールがついてくるイメージでプレーし続ける」ことが大事なのである。

しかも、こうした足とボールの「往還運動（遊動）」や「ずらし・間隙（あそび）」を維持するには、軽く敏感なボールに「触覚を通じた瞬間的な同期」を継続していく必要がある[28]。しかし、それは「ふれるものとふれられるものの相互嵌入」の性格からすると、壊れやすく脆い。だからこそ、サッカーにおいては、集団で協力しながら、言語的かつ非言語的コミュニケーションを総動員させ、「ポゼッションできないポゼッション」を実行し続けなくてはならない。この意味で、サッカーは、最もセンシティブな遊戯なのである。

なお、川本は、ゴール型集団球技スポーツにおけるボールの現象学的特性を、以下のようにまとめている。

> ゴール型集団球技スポーツにおけるボールとは、「物」としての単なるスポーツ用具という対象ではなく、「他者」としてともにプレーする仲間のような存在でもあり、様々な情報を与えてくれ導いてくれるガイドのような存在でもあり、さらには、プレーヤーの身体の一部のような存在である……いうならば、ゴール型集団球技スポーツにおいてボールは「対象」ではなく、多様なものに化ける「道化師」のような存在なのである。さらに、こうした

ボールの側面が、ゴール型集団球技スポーツ選手のエートス（特徴、性格、雰囲気）に影響していると考えられる[29]。

つまり、川本が別の箇所において、ボールにはゴールのような「特定のテリトリーなど存在しない」[30]と指摘しているように、細川もまた「ボールはジョーカー、どこにも所属しない」[31]と述べている。フットボールにおいて、ボールは、様々な魂を憑依させる「道化師」であり、誰にもどちらのチームにも所有されず、中立でありながらも、相手のゴール前では、心強い味方となり、自分たちのゴール前では危険な存在となる、まさに「ジョーカー」なのである。

さらに、「ポゼッションできないポゼッション」、いわば「触覚を通じた瞬間的な同期」を目指す、フットボールにおいて、ボールは、簡単に足をすり抜け、誰のもとにも帰属しない。ある程度の「信頼」はできるが、決して「安心」はできない「行きずりの存在」である。

たとえば、パラスポーツにも造詣が深い、美学者の伊藤亜紗は、視覚障がい者の証言から、かれらが、親密な人にのみ依存して生きる「安心」の枠外に出て、自らが冒険し自立するために、見ず知らずの人を「信頼」しつつ、その人を頼って、依存先を「分散」させることを提案している[32]。伊藤にいわせれば、親密な人のサポートが「責任ある優しさ」であるのに対して、見ず知らずの人のそれは「無責任な優しさ」である。視覚障がい者にとって、とくに前者の「責任ある優しさ」や「安心」は、人にふれられる瞬間の緊張が、解けずにずっと続いている状態にあり、一生これを受け止めることは、むしろ重荷となる。

しかし、後者の「無責任な優しさ」は、最初は別としても、相手を「信頼」して、実際の接触が始まってしまえば、多くの場合、不確実性は減少していき、「ふれるときふれられている」という相互性のなかで、緊張は次第に「安心」へと変わっていく[33]。しかも、その接触の同期先は、広がりをもって世界中に「分散」しており、いつでも同期先は切断・変更できる。視覚障がい者にとっては、かりそめの「無責任な優しさ」の方が、ある種の「信頼」をえやすいのである[34]。

では、サッカーのエートス（倫理）とは、一体どのようなものなのであろうか。

先の川本も、ボールの性質が「ゴール型集団球技スポーツ選手のエートス（特徴、性格、雰囲気）に影響している」と述べていたが、すでに見たように「足とボールのふれ合い」、すなわち、ボールと足との間にも、ある程度の「信頼」はあるが、決して「安心」はできない「行きずり」の関係が存在していたのである。それは、先の伊藤の指摘にもあった、依存先の「分散」による、かりそめの「無責任な優しさ」とおよそ似通っているのではないだろうか。

伊藤によれば、倫理には、道徳と違って、いつでもどこでも通用する「一般」は存在しない。この意味で、倫理は生成的である。「こうあるべきだ」という一般則としての道徳の価値を知りつつも、具体的な状況というライブ感のなかで行動指針を生み出し続けることが、倫理にとって重要であるといわれている[35)]。さらにその一方で、触覚が不道徳であるのは、単に道徳に反するからではなく、触覚が、道徳の押し付けてくる規範を相対化する力を持っているからであると、伊藤は述べる[36)]。触覚は、状況に対して異質な記憶や衝動を呼び込むことにより、道徳の命ずる「○○すべし」という状況のフレームを別のフレームへとスライドさせたり、あるいは混同させたりして、道徳を揺さぶり、異なるフレームが与える別のリアリティへと、われわれを創造的に導いてくれるものなのである。

すでに指摘したように、坂部においても、「ふれる」ことは、惰性化した日常の領域の侵犯であり、能動―受動、内―外、自―他の区別を超えた原初の経験であった。坂部は、「ふれる」という経験が、日常生活の規範を揺り動かす経験となることを、以下のように述べる。

> ふれるという経験、ふれ合うという経験が、ときにとりわけ日常の構造安定的な世界といわば垂直に交わる形而上学的世界、縦の次元、いってみれば日常的生活世界空間がその次元の微分方程式によって生成されるような垂直の次元、深さの次元とのふれ合いというその本来のあり方をはっきりとおもてに出すとき、日常の生活では自明の構造安定的布置の一つとしてのいわゆる自我の同一性という枠組みをも根底から揺り動かす経験として、ケの世界を超えたハレの世界、俗の世界を超えた聖なるものの世界との出会いの経験として、みずからをあらわすゆえんである[37)]。

すなわち、サッカーにおいても、ボールと足という普段は水平的次元にあるもの同士の「ふれ合うという経験」が、ボールの魂や心、生命―あるいは、あとで見るような「母なる大地」―にまで浸透しつつ、垂直的次元へと深化させられるとき、日常から非日常へ、安定から揺動へ、俗の世界から聖なる世界へと超え出ていく経験となる。まさに、これは、ボール（＝心）の真実を汚すことなく―他者のいのちにふれながら―偽善的な道徳に最後まで反旗を翻したマラドーナが、今福によって「民衆にとっての唯一無二の地上の神」と呼ばれていた所以でもある[38]。

そして、この神格化されたサッカーのエートス（倫理）における、聖なるもの（魂）との出会い、偽善的な道徳への反逆、道化的で悪戯好きの性格は、あのボールの魂に「ふれる」聖なる経験、「ふれる」の反道徳性、ボールに「ふれる―ふれられる」足のかりそめで行きずりの関係（依存先の分散と無責任な優しさ）、道化師（ジョーカー）としてのボールに由来するものなのである[39]。

なお、本章の最後に、「ふれる足」の考察から「立ち足」の考察へと少しシフトチェンジ（踏みかえ）をしておくと、坂部は、ふれるという経験の含む相互嵌入の関係が、「一定の分けることを前提としない。むしろ分ける以前の経験である……いってみれば、それはふれるということのもつ超ロゴス性、超分節性とでもいった性質を示すといってもいいかもしれない……ロゴスはいうまでもなく『わけ』『ことわり』『ことば』であり、また分節された音声としてまず聴覚に関係する事柄である。聞き分けるという経験の成り立つ位相も、さきのふれ分けるの不成立と対比して、おのずからあきらかとなろう」[40]と述べている。

つまり、「ふれるものとふれられるものの相互嵌入」の力動的な場には、「見分け」「言分け」さらには「聞き分け」「嗅ぎ分け」、そして、わが国の身体論の先駆的研究者である市川浩の「身分け」[41]をも超えた、ロゴスによるあらゆる分節化以前の転位、交叉、絡み合い（メルロ＝ポンティ流のキアスム）が存在する。ここでは「ふれ分ける」とともに「足分け」の不成立をも強調すべきではないだろうか。

サッカーの場合、「足分け」―すなわち、探るという意味の「さわる」―では、瞬間的に間に合わない、また、周囲の環境とは溶け合うことができないという現実がある。サッカーの「ふれる」については、本稿ではさらに立ち入って考察する余裕はないが、それはゴール前という最も凝集性の高い場に見られる瞬間的な相互嵌入においてこそ、最も先鋭化してくるものなのである。なお、この「ゴール」については、むしろ、規格化され形式化された「ルドゥス」としてのフットボールの問題圏に属している。

以上のように、ここまで、本稿は、掴む手からさわる手へ、さわる手からふれる手へ、ふれる手からふれる足へと考察をすすめてきたが、「パイディア」としてのフットボールは、水平的次元では、ボールの魂に「ふれる―ふれられる」足の往還運動（遊動）であり、他方、それが垂直的次元へと下降すると、次に見るような大地に「ふれる—ふれられる」立ち足の浸透とともに垂直的次元へと超越—いや、正確にいえば—深化していく、非日常の経験を醸成するものなのである。

2.　立ち足の感性学—大地との相互浸透—

さて、手が属する上半身は、その繊細さの一方で、言語にしても、衣食住にしても、歴史的かつ社会的な差異を色濃く反映している。話す言葉の違い、食べ物の違い、表情の違い、ファッションの違い、生活空間の違いなど、手や口は、上半身を取り巻く多種多様な象徴空間を作り出しており、上半身に人類共通の特徴を見出すのは大変困難である。

これに対し、舞踊については、さまざまな研究者が指摘しているように、「民族の違いを越えて身体が感じている感覚の共通性がもっとよくあらわれているのは、上半身ではなく下半身、足である。足だけが、人間の唯一の拠り所である地面を、踏んだりたたいたり打ったりして、いまだ持続的に交流している身体の最後の部分だからである」[42)]。

いわば、この「宇宙的なリズムを作り出す基礎は、大地から分化していない足のところにほんとうはある」[43)]。これは、日本の能において、「足は、大地と足との相関、地足相関を基底においている。足の思想は大地の思想、地人相関の基礎は地足相関である」[44)] といわれる所以でもある。すなわち、「『母なる大地』と形の上でも質の上でも関係が深いとされるのは、その半人間的性格の故である」[45)]。足の形も肉や皮の厚さもすべて、大地との着かず離れずの不即不離の関係によって築き上げられたものなのである。

また、上下という空間について通常考えられるのは、頭上の空間は、がらんとした空間で、下は、固い床か大地であるということである[46)]。この意味で、手は、その操作のための虚空間を広く確保しているが、足は、その下方に「固い抵抗体」があり、しかも、どちらかの足でそこに接していなくてはならない。もしそうでないと、転倒してしまうので、「立ち足」は、下にある「固い抵抗体」に対して、立つためにそこで「踏ん張り」、歩いたり走ったりするためにそこを「蹴らない」といけない。

だが、これは一面的な見方である。「立ち足」も、見方を変えると、実は、大地に「ふれる足」である。逆に、大地の方も、足に「ふれられるもの」であると同時に「ふれるもの」である。さらに、大地を「固い抵抗体」あるいは「剛体」

と捉えてしまうのなら、話はそれまでであるが、不動に見える大地もまた、天候や地殻変動によって変化し、「足」によって踏み荒らされ、変動させられる「流体」であるならば[47]、先のボールと同じく、生命力を伝え、揺動し、それに「ふれるもの」へと浸透していく力動的な場を提供するはずである。

先に見た舞踊において「地人相関の基礎は地足相関にある」といわれていたこととも関連するが、小田部は、「表現愛」の概念から身体論の展開を試みた木村素衞の論を解説しながら、「我々は土地が素材であるよりも前に〔土地は〕まず以て人間の意志を、その企図性を、そそのかすものであることを想わなければならない……すなわち、『表現』という観点から見るとき、人と素材は『相互に表現的に限定し合う関係、互いに作り作られる関係に在る』」[48]ことを指摘している。

河野もまた、ティム・インゴルドのいう生成するウェザー・ワールド（複雑系の世界）では、「すべての物はつかのま『束ねられた』物である。何が束ねるもので何が束ねられるものかが決まっていない。質料と形相は逆転する」[49]と述べる。つまり、足が、素材（質料）として大地に形式（形相）を与えるのか、大地が素材（質料）としての足に形式（形相）を与えるのかは、あらかじめ決まっていないのである。しかも、先の坂部の「ふれることの哲学」にしたがうならば、「立ち足」と大地もまた、「ふれる—ふれられる」の相互嵌入において、能動—受動、内—外、自—他の区別を超えた原初の経験を、われわれ人間に与えてくれる。

したがって、ここで重要なのは、「立ち足」が、「地足相関」によってローカルな土地にいざなわれ、人と素材（形相と質料）の上下関係を交叉関係へと転換させつつ、やがて大地と人類という「地人相関」のプリミティブな次元—足と大地の垂直的な相互嵌入の次元—にまで深化させられるという点である。足と大地の相互嵌入は、自と他や内と外の区別を溶解し、能動と受動も逆転させ、大地が、足を誘導し、足を形作るという原初の経験をもたらすのである[50]。

もちろん、その原初の経験をえられるのが、舞踊であり、フットボールであるというのが、本稿がいわんとするところではあるが、舞踊の場合には、ボールと足の水平的な相互嵌入の次元を欠いている。とりわけ、フットボールの場合には、上のような「地足相関」と「地人相関」を通じて、各地域のプレースタイルの違いによるフットボールの土着性やフットボールの通底性を説明することができるのではないだろうか。

また、フットボールの場合でも、サッカーとラグビーのボールの違いが典型的であるように、ボールの「形相と質料」が大きく変化すると、ボールと足の相互嵌入が起こりにくくなり、しかも、ラグビーのようにボールを手で扱うことを許されるようになると、ボールと足と大地との相関性が失われ、「地足相関」や「地人相関」も希薄になってしまう。サッカーでは、それ独自の性格からして、手のある上方の虚空間ではなく、足とその下方にある大地とボールとが互いに「ふれ合う」ことによって、足とボールと大地の水平的かつ垂直的な相互嵌入が起きてくるのである[51)]。

さらに、精神医学者で「身体の現象学」を展開している石福恒雄は、下を単なる空間の中の位相の単位としては捉えず、下のもつ宇宙論的な広がりを次のように説明する。「足元」は、その位相よりも下の空間であり、地表の下の未知の地下の世界も、海面の下の神秘の世界も、「下の世界」なのである[52)]。

> 全く未知であるがゆえに、下の世界は私たちの好奇心を掻き立てつつなお限りない恐れを抱かせる。それは私たちに全く未知なるがゆえに闇であり混沌なのである。そこでは形態というものがなく、それゆえ物の本質が分明に露わになっていない。だが、同時にこのことはこの闇である下の世界から、あらゆるものが発生し、発達し、形成され、開花する可能性を秘めている。そして、この世界にこそ上の表にはない真実が、混沌と無定形のうちにではあるが隠されている[53)]。

闇の中ですべては無定形と混沌に還帰する。同時に、そこを起点にしてすべてのものが芽をふき形成されてくる闇は黄昏と暁の両方にまたがっている。手と較べて足が強さを発揮するのは、この闇との至近距離の故である[54)]。

この意味において、足は、あらゆるものの「母なる大地」に養われながら、能動的・知性的・形相的な「手の模倣（ミーメーシス）」を逃れた、カオティックな生成を創発し続ける。すなわち、われわれ人間は、誤解をしてはならない。先に取り上げた「ふれ合うという経験」が、魂や心、生命にまで浸透しつつ、日常から非日常へ、安定から揺動へ、俗の世界から聖なる世界へと超え出ていくのは、手の上方でも、頭上でも、天上でもない。むしろ、われわれ人間の魂や心、生命がそこから生まれ来る、地表や海面の「下の世界」である[55)]。

そして、このカオス（混沌）に関して、プラトンの「コーラー（場）」に着目し、西洋身体論の象徴的制度の形成を明らかにしているのが、ベルギーの現象学者、マルク・リシールである。プラトンの「コーラー」とは、『ティマイオス』第二部において、「常にあるイデア（父）を写し出し、その模像としての生成物（子）を受け入れる受容体（母）である」[56]とされ、「入ってくるさまざまなものによって動かされ形をつけられて違った外観を示すが、それ自身の機能を変えることはない」[57]とか「すべての物的存在を受け入れるもの」[58]などといわれているものである。

リシールは、「身体であること」と「身体を持つこと」の間の二分法を超えて、身体と一体化した内面の体験を記述するために、わたしのものとして現象するものを固定化するかに見える二分法的な極（魂と身体、自己と事物、自己と世界）、すなわち、身体の〈象徴的制度化〉として位置づけられているものを、エポケーによって留保し、身体の「超過 excés」―すなわち、身体と一体化した人間が見たり感じたりする経験の超過、概念化しきれないほどの豊かな生の経験の超過―に眼を向け、もう一度、身体の経験そのものの記述に立ち返ることを要請する。

つまり、リシールによれば、「身体の象徴制度とは、身体の同一性の制度化であると同時に、それと相関的な形で、諸々の主体の同一性の制度化なのであり、言いかえれば、わたしたちが諸々の主体の個体性、その『心的』同一性と名づけるものの制度化なのである」[59]。だが、リシールにいわせれば、こうした主体の同一化や「心的」同一化の歴史―いわば、内面性の形成の歴史―は、魂による身体の統御の歴史である。人間の内面性とは、必ず象徴的なものとならざるをえないあらゆる形象化、ないしコード化（象徴制度化）を超え出た、形象化（あるいは概念化）不可能なものであり[60]、さらには、この形象化できない超過を起こす「場所」こそが、最も太古的で、最も不定形で、最も未規定で、いわば最も「野性的な」基礎を持った、生きた身体なのである[61]。

この意味で、「(情感性の多様なレベルを経由しつつ、緒感覚から思考にいたるまで、わたしたちが身体において得られるすべてのものを伴った）生きた身体とは、まさしく現象にほかならないものの『場所』であり、『ティマイオス』におけるプラトン的な意味でのコーラーである」[62]とリシールは述べる。すなわち、リシールは、生きた身体の一断面であるコーラーを、象徴的な制度の認識可能なコードの「行間と記号のあいだ」にほかならない場所、もしくは、諸々の問いかけをすべての解決すべき問題からはみださせてしまうあの〈還元不可能な〉超過を意味する「深淵」として、解釈しているのである[63]。

さて、以上のようなリシールによる「身体と一体化した内面の体験」の考察は、フットボールにおける「足（身体）とボール（心)」の関係、あるいは「足

（身体）と大地（コーラー）」の関係についても有益な示唆を与えてくれる。つまり、足は、能動的・知性的・形相的な「手の模倣（ミーメーシス）」から逃れつつ、大地の受容的・野性的・未規定的な生成のうちに置かれている。フットボールにおけるボール（心）もまた同じである。ボール（球）が足（身体）に浸透し、両者が相互嵌入によって「足球」となる一方で、大地（コーラー）は、この「足球（身心）」を揺動させ、象徴空間において組み換え、さらには、万物がそこから生まれ来った「深淵」へといざなう。

まさに、フットボールでいえば、この「深淵」こそが大地である[64]。たとえば、「足とボール（身心）」を通じて大地へと広がりをもった分散的な自己は、フットボーラーのあふれ出る内面性となり、大地の揺動は、ピッチにおける足やボールのレイアウトの変化となり、足と足、足とボール、大地と足、ボールと大地それぞれの隙間は、「カオスの縁」となって、その近傍にルールや技術、戦術といった秩序を出現させる。これらの象徴的記号体系は、「パイディア」としてのフットボールではおよそ見ることはできないが、それが規格化され形式化された「ルドゥス」としてのフットボールとなれば、ピッチのなかへ水脈のごとく幾何学的に刻み込まれる[65]。

ただし、フットボールにおける深淵（カオス）としての大地もまた、それらの象徴的記号体系を、解体し、組み換え、何度でもご破算にさせてしまう。大地によって、われわれ人間は、しばしば「ルドゥス」としてのフットボール以前の「パイディア」としてのフットボールに立ち還らされる。フットボールが、大地と人類という「地人相関」のプリミティブな次元―足と大地の垂直的な相互嵌入の次元―にまで深化させられるとき、「形相と質料」の逆転、「図と地」の裏返し、形而上と形而下を含めた「上と下」の反転、「心と身」の転倒が起きてくる。

したがって、以上の考察により、本稿は、「手（心）／足（身体）」あるいは「球（魂・霊・頭）／足（身体）」という図式を、「足（身体）∞手（心）」あるいは「足（身体）∞球（魂・霊・頭）」へと転換・交叉させ、さらに再統合させた「身心∞足手∞足球」という新たなフラクタル図式を提起することができるだろう。この意味において、本稿の「足球文化論」は、いわば「身心文化論」の一つの試みでもあったのである。

なお、先のリシールのいう「超過」は、先に見た「ふれるものとふれられるもの」の相互嵌入の経験における「超越」と読みかえてもよいが、「超越」が「上回る」「乗り越える」など「上へ昇る」の意味を想起させるため、フットボールでは、「超過」よりも「深化」という言葉の方が、足と大地との関係性にはふさわしいように思われる。たとえば、南米の地でサンバのリズムに乗って老若男女問わず楽しまれている「路地裏のフットボール」、いわゆる「ストリートサッカー」は、「南米の大地」や「路地」に浸透する「土着性」と、人類が生まれ来った「母なる大地」へと深化する「通底性」をかねそなえた、根源的な遊戯であるといえるのではないだろうか。

おわりに

しばしば「鳥かご」と呼ばれるボール回しのゲームであるロンド、リフティング、蹴鞠―あるいは、手を使うバレーボールの円陣パス―であっても、それなりの楽しさや慰みを与えてくれる。けれども、それらは、ルールや戦術によって競技化されておらず、ゴールやネット、ライン、エリア、レーンなどの方向性やテリトリーも存在しない。それら「パイディア」としてのフットボールから、規格化され形式化された「ルドゥス」としてのフットボールへ、とりわけ、サッカーへと具体的な議論をすすめるのは、また別の機会に譲ることとしたい。

また、先にも指摘したように、サッカーでは、ルールや技術、戦術といった秩序が「カオスの縁」に現れる。これらの象徴的記号体系は、本稿で転換・交叉させた「足（身体）∞手（心）」あるいは「足（身体）∞球（魂・霊・頭）」という図式を再逆転させようと、「手の模倣（ミーメーシス）」機能とともに終始サッカーにはたらき続けている。「身から心へ、心から身へ」「足から手へ、手から足へ」「足から球へ、球から足へ」「足球から大地へ、大地から足球へ」というダイナミックな揺れと逆転が、サッカーにおける生命論、身心交叉論、「パイディア」と「ルドゥス」の弁証法的止揚の可能性を示唆しているのである。

なお、筆者は、すでに別の機会において、サッカーのなかには、足の手に対する劣位性を乗り越えようとする文化的な営みの力、すなわち、山口昌男のいう「周縁（有徴）」から「中心（無徴）」へと向かう力、あるいは、カイヨワのいう「反対称」とは逆の法則が読み取れることを指摘している[66]。それが、南米出身の左利きの天才プレーヤー、マラドーナに代表されるものであることは、すでに指摘した通りである。文化の「周縁」が「中心」へと向かい、そこに逆向きの大きな風を吹かせる。南米のサッカー文化やそこで育まれた人々は、既存の文化を編み変える力を持っている。

人類にとって、このような逆向きの法則は、住み慣れた日常に、意外性やアクセント、さらには―まさにスポーツの目的である―「慰み」や「気晴らし」を与えてくれる。歴史的かつ社会的には、負の価値を担わされてきた足を使う、サッカーも、また、学問や芸術など比べて価値が低いと見なされてきた、スポーツも、たしかに文化の「中心」にはないものの、そのような「周縁」としての大きな役割を担っている。

最後に、「ふれることは、また、切り口に立ち合うこととして、固定した『中心と周縁』の対立をもこえている。いってみれば、それは、『多中心性』の感覚であり、ここでは、むしろ、各個体(モナド)がそれぞれの角度から全宇宙を映す鏡となる、というライプニッツの比喩がよくあてはまる」[67]。彫刻の鑑賞についてなされた、この坂部の指摘は、アートとしてのフットボールの感性についても、ある種の「学びの場」を提供してくれることを示唆しつつ、本稿を締めくくりたいと思う[68]。

《註および引用参考文献》

1）今福龍太「マラドーナさんを悼む」「朝日新聞」2020年12月3日木曜日、25面。

2）カイヨワが、「遊び」を、「競争（アゴーン）」「偶運（アレア）」「模擬（ミミクリー）」「眩暈（イリンクス）」の四つの活動形態に分類していることは有名であるが、かれは、この四つの活動形態としての遊びに対して、さらに遊ぶ時の態度である「パイディア」と「ルドゥス」という二つの極を導入している。「パイディア」は、即興と陽気の間にある、無秩序で、衝動的で、自発的で、未分化で、無名で、規則から自由になろうとする原初的な力であり、他方「ルドゥス」は、無償の困難の愛好であり、恣意的だが強制的でことさら窮屈な規約にしたがわせる力である。遊びがこの二つの力の極に引っ張られたものであるということは、上の四つの活動形態としての遊びにも、「パイディア」寄りのものと「ルドゥス」寄りのものがあり、そこには濃淡があるということを、カイヨワは明らかにしている。「ルドゥス」は、「パイディア」の補足および教育として現れ、「パイディア」に規律を与えることによって「パイディア」を鍛え、豊かにする。そして、両者は、一対をなすことで「遊び」の持つ道徳的および知的な価値を明確にし、発達させ、文明推進の力となるといわれている、カイヨワ（清水幾太郎・霧生和夫訳）『遊びと人間』岩波書店、1970年、40-55頁参照。

3）「サッカーとは何か？」という問いに対しては、とくにポルト大学元教授のヴィトール・フラーデによって創案された「戦術的ピリオダイゼーション」の研究を通して、ギュエルメ・オリベイラ、タマリ、マッローらが、部分的あるいは間接的な解答を与えている。いわゆる「サッカーとはカオスでありフラクタルである」という有名なテーゼである〔Oliveira, J. G. (2003) Organizaçao do jogo de uma equipa de Futebol. Aspectos metodológicos na abordagem da sua organizaçao estructual e funcional. Faculdade de Desporto da Universidad do Porto : 1-23. Tamarit, X. (2009) ¿Qué es la "periodización táctica"?. MC Sports. Tamarit, X. (2013) Periodización Táctica vs Periodización Táctica. MBF. Mallo, J. (2015) Complex Football. Topprosoccer S. L〕。また、すでに国内で出版されている、村松、林、山口らの著作もこれに紐づくものである〔村松尚登『バルサ流トレーニングメソッド』株式会社アスペクト、2008年。村松尚登『テクニックはあるが、サッカーが下手な日本人』武田ランダムハウスジャパン、2009年。林舞輝『サッカーとは何か』ソル・メディア、2020年。山口遼『「戦術脳」を鍛える最先端トレーニングの教科書』ソル・メディア、2020年〕。そのほか、海外においては、モリス、エーコ、トリフォナス、ゲバウア〔デズモンド・モリス（岡野俊一郎監修／白井尚之訳）『サッカー人間学』小学館、1983年。ピーター・P・トリフォナス（富山太佳夫訳）『エーコとサッカー』岩波書店、2004年。Gebauer, G. (2002) Soccer as Game of Symbolic Power. The Organizing Committee of the Symposium of Sendai College (ed.) Proceedings of the International Symposium on Soccer and Society : 5-15〕、国内では、細川や今福といった哲学者や社会学者、文化人類学者らが、サッカーについてある程度は思想的に論じているが〔細川周平『サッカー狂い　時間・球体・ゴール　FOOL FOR SOCCER』哲学書房、1989年。今福龍太『フットボール新世紀─美と快楽の身体』廣済堂ライブラリー、2001年〕、それらのほとんどは、本稿のようなフットボールの根源的な次元から「サッカーとは何か？」を体系的に問い直すものではないことを、ここで指摘しておく。

4）樋口聡『身体教育の思想』教育思想双書、2005年、68頁。

5）グンター・ゲバウア（樋口聡訳）「〈手〉の世界制作について」樋口聡ほか『身体感性と文化の哲学　人間・運動・世界制作』所収、勁草書房、2019年、43頁、括弧引用者。初出は「〈手〉の世界制作について（The Worldmaking of the Hand）」広島芸術学会での講演（1999年12月11日）、『藝術研究』第13号、2000年、83-95頁に掲載。

6）ゲバウア、同書、33頁。

7）指による把握は、拇指を他の指または手掌と向かい合わせるもので、「拇指対向性」といわれ、霊長類の一つの特徴である、近藤四郎『足の話』岩波書店、1979年、58頁参照。

8）フィヒテ（藤沢賢一郎訳）「知識学の原理による自然法の基礎」ラインハルト・ラウトほか編『フィヒテ全集』第6巻所収、晢書房、1796年、107頁。

9）触覚とは何か、この点について滝浦が注目するのは、触覚が主観と客観との最初の出会いだということである、滝浦静雄（1977）「手の現象学」『看護技術』第23巻、第11号、119頁参照。

10）滝浦、同論文、119頁。

11）滝浦、同論文、119頁参照。

12）滝浦、同論文、119頁。

13）滝浦、同論文、119頁参照。

14）坂部恵『「ふれる」ことの哲学─人称的世界とその根底』岩波書店、1983年、27頁、傍点引用者。

15）坂部、同書、4-5頁参照。

16）なお、伊藤の場合、本文で使用した「両義性」を「対称性」と呼んでいる、伊藤、同書、77-78頁参照。さらに厳密にいうと、メルロ＝ポンティにおいては、この「触れる身体と触れられる身体としての両義性」が「二重感覚」と呼ばれ、たとえば、私が自分の両手を接触させる場合、そこには二つの手が交互に触れるものと触れられるものに転換できるような暖昧な体制が存在する。これは、二つの手は同時に互いに他に対して触れるものでありかつ触れられるものであるということはなく、むしろ、常にどちらかであるということであり、次に触れるという一つの機能から触れられるという他の機能への移行において、私は触れられている手を次の瞬間には触れる手となるものとして感知できるということである、島田正浩（1977）「メルロー・ポンティにおける両義性について」「待兼山論叢　哲学篇」第10号、1-18頁参照、および、モーリス・メルロ＝ポンティ（竹内芳郎・小木貞孝訳）『知覚の現象学1』みすず書房、1967年、165頁参照。

17）坂部、前掲書、27-28頁参照。

18）坂部、同書、29頁。

19）伊藤が指摘するように、対象と距離を保っている視覚は表面にしか止まることができないのに対し、触覚はさらにその奥に行くことができる。触覚は「距離ゼロ」どころか「距離マイナス」である、伊藤亜紗『手の倫理』講談社、2020年、75頁参照。

20）もちろん、フットボールにおいても、長い間ボールに「ふれて」いないときには「久々にボールにさわりたい」とか、試合が始まってから「まだ一回もボールにさわっていない」といった類の表現をすることがあるが、これらは、ある一定の時間「ふれる」の相互作用─他者のいのちにふれ合うこと―に参入できていない特殊な場合であろう。逆にいえば、「ふれる」の相互作用に参入できていないからこそ、「探る」次元にある「さわる」へと引き戻されているのである。さらに、ボールがピッチの外に出たときに「ボールにさわったか、さわらなかったか」という表現もまた、すでに「さわる」の判定に引っかかってしまっているということになるのではないか。

21）モーリス・メルロ＝ポンティ（滝浦静雄・木田元訳）『眼と精神』みすず書房、1966年、266頁。

22）細川周平『サッカー狂い　時間・球体・ゴール』哲学書房、1989年、6頁、括弧引用者。

23）細川、同書、7頁。

24）細川、同書、223頁。

25）細川、同書、223頁。

26）細川、同書、223頁参照。

27）細川、同書、184頁参照。

28）伊藤は、次のような指摘を行っている。「物理的なコミュニケーションの面白さは、記号的なコミュニケーションと違って、連続的であるということです。直接的にせよ間接的にせよ、物理的に接触しているという状況のなかで、じりじりと、あるいは一気に、コミュニケーションがなされる。接続を前提としていますから、コミュニケーションの参加者が同じ時間・空間を共有していることも必要です（触覚を伝送したり再現したりする装置があれば別ですが）。つまり、物理的なコミュニケーションは、参加者の同期を前提にしています」、伊藤、前掲書、116頁。

29）川本真実「ゴール型集団球技スポーツにおけるボールの現象学的研究―モーリス・メルロ＝ポンティの身体論の観点から―」広島大学総合科学部特別研究論文、2016年、42頁。

30）川本、同論文、8頁。

31）細川、前掲書、222頁。

32）伊藤、前掲書、106頁参照。

33）伊藤、同書、109頁参照。

34）実際に、この視覚障がい者とサッカー選手との関連性について、伊藤は、ブラインドサッカー選手の落合啓士との対談のなかで、マラドーナの後継者であり、現在、世界のトッププレーヤーでもあるリオネル・メッシが、ドリブルしながら、「ほとんどボールを見ようと顔を下げず、常に相手を見ている……メッシのドリブルは、自分（落合）が見えない状態でやろうとしているブラインドサッカーのドリブルに近い……メッシほどの選手になると、そもそもボールを見てなんかいない……触る瞬間に足から情報をキャッチしている。だからサッカーがハイレベルになるとブラインドサッカー化してくる」ことを明らかにしている、伊藤亜紗『目の見えないアスリートの身体論　なぜ視覚なしでプレイできるのか』潮出版社、2016年、85頁、括弧引用者。この証言からは、本文で指摘したような「フットボールの反自然性」に加え、「フットボールのパラスポーツ性」を見出すことができるのである。

35）伊藤、前掲書、2020年、136頁。

36）伊藤、同書、2020年、199-200頁。

37）坂部、前掲書、37頁。

38）今福は、『ブラジルのホモ・ルーデンス』という著作のなかでも、「ブラジル人にとっての『神』は、それがブラジル人であるかぎり……貧しく、好色で、酒飲みの『神』以外の何物でもあり得ない」と述べている、今福龍太『ブラジルのホモ・ルーデンス』月曜社、2008年、171頁。これは、本稿の冒頭で紹介した今福の新聞投稿記事にもあった「偽善に反逆した民衆の神」や「道化的で悪戯好きの神」にも通ずるものである。

39）ちなみに、ポルトガル語の「マリーシア」は、サッカーにおいては、通常「狡猾さ」と訳されるが、戸塚によれば、「マリーシアとは発想の柔軟性のことであり、勝利につながる駆け引き」を指すといわれている、戸塚啓『マリーシア　〈駆け引き〉が日本のサッカーを強くする』光文社、2009年、237頁。この「マリーシア」の「狡猾さ」や「駆け引き」は、サッカーの神の性格そのものである。

40）坂部、前掲書、31 頁。

41）市川は、身が身で世界を分節化するということは、身が世界を介して分節化されるということにほかならないとして、このような共起的な事態を〈身分け〉と呼んでいる、市川浩『〈身〉の構造』講談社、1993 年、93 頁参照。市川によれば、〈身分け〉は、客体としての身体ではなく、具体的な生きられる身体である。芸術の鑑賞には、身が世界と感応し、相互に分節し合う関係、すなわち〈身分け〉が求められる、市川、同書、186 頁参照。さらに、市川は、この〈身分け〉による認識を、身のさまざまのレベルにおいて「身をもって知る」という意味で〈身知り〉という言葉であらわし、これをとくに芸術で問題になるような認識であるとしている、市川、同書、191-192 頁参照。この市川のいう身と世界による「分節化」は、本稿のいうフットボールの「足分けの不成立」や「ふれると同時にふれられるものとしての相互嵌入」を通じて目指されるべき瞬間的・水平的・垂直的次元とは立場を異にする。このように、市川の身体論が「手」や「芸術」がモデルになっていることはたしかであり、また、本稿の「足」や「スポーツ」から見た身体論とは異なる視座のもとで展開されていることは、ここで確認しておきたい点である。なお、市川は、〈身分け〉に重要な役割を果たす「述語的統合」（感覚や情動や気分）は、分節化する〈身分け〉や判断を行う以前の分節化であり、それらの前提となるものであると述べている、市川、同書、192 頁参照。しかしながら、この市川のいう「述語的統合」も「分節化」を逃れえないのであれば、本稿が本文で指摘する、能動的・知性的・形相的な「手の模倣（ミーメーシス）」が、やはり市川の身体論のベースにあることはたしかであろう。また、スポーツの熟練についても、わずかながら市川によって言及がなされているが、これは文化の歴史が持っている潜在的統合可能性の現実化という個人の技術習得にとどまるものである、市川、同書、201 頁参照。

42）鈴木忠志「足の文法—演劇から見た足」鈴木忠志ほか『FOOT WORK　足の生態学』所収、PARCO 出版、1982 年、188 頁。

43）山口昌男「足の発見」同書所収、46 頁。

44）山田宗陸「足の思想」山田宗陸編『足は何のためにあるのか』所収、風人社、1992 年、13 頁。

45）山口昌男「足から見た世界」『文化の詩学 II』所収、岩波書店、2002 年、137 頁。

46）山口昌男「足から見た世界」前掲書所収、1982 年、148 頁参照。

47）河野哲也の「流体の存在論」からすれば、不動に思える大地も、実は、長期的に見れば絶えず変動する地殻の一部にすぎず、陸海空の関係も絶えず入れ替わる。大地震や豪雨災害などを経験した人々にとって、これは紛れもない事実である。このような視点から見れば、われわれの生きる地球は「流体」（海洋惑星）であり、われわれの生活世界も、〈境界〉が存在せず内も外もない流体の存在に満ち溢れていることに気づく（剛体は流体の一時的形態にすぎない）、河野哲也『境界の現象学』筑摩書房、2014 年、114-120 頁参照。

48）木村素衞・小田部胤久『木村素衞—「表現愛」の美学』講談社、2010 年、64 頁、傍点引用者。

49）河野、前掲書、119 頁。

50）本文の内容に関連していえば、客観身体の持つ合法則性としての「内なる自然の技巧」が外的自然の合法則性としての「外なる自然の技巧」に浸透するとき、スポーツ実践者は主観身体にもたらされた運動感覚的知覚を美的気分として把捉すると樋口は述べている、樋口聡『スポーツの美学』不昧堂、1987 年、146-153 頁参照。

51）もちろん、サッカーの場合でも、ハイボールやヘディングなど、手のある上方の虚空間でプレーが行われる場面もしばしば存在するが、これは手のスポーツであるバスケットボールやバレーボール、野球などにも見られる「天上との垂直的な相互嵌入の次元」であり、サッカー独自のものではないということは重要である。本稿が、サッカーにおけるボールと「頭や足」と天との垂直的な相互嵌入を見逃しているわけではなく、あくまでも、フットボールにおけるボールと足と大地の水平的かつ垂直的な相互嵌入の方に焦点を当てていると断っておきたい。なお、ローバウンドボールを用いるフットサルに関しては、サッカーと比べて、ハイボールやヘディングなどの展開が少ないといえるが、フットサルの場合、コートが天候に左右される広い大地ではなく狭い床であるうえに、しかも、5対5のゲームであるため、サッカーよりも、複雑性が低く、あとの本文で見るようなカオス（混沌）の力動的な場は少ないと筆者は見ている。

52）石福恒雄『身体の現象学』精神医学文庫、1977年、113頁参照。

53）石福、同書、134-135頁。

54）山口「足から見た世界」前掲書所収、1982年、149頁参照。

55）坂部も、先に見た「ふれ合うという経験」を説明する箇所では「超える」という言葉を使用していたが、以下の箇所では「深さ」という表現を用いて説明している。「『ふれる』ことは『単に感覚によって知覚し、指示することではなく、さらにその展開としてより深く侵入し、かくしてわれわれの存在のもっとも深い層にふれるためにあるのである』。ふれることは、世界を知覚し、思考するのではなくて、世界の内に生きることにほかならないといいかえてもいい。あるいはそれは、『諸々の存在と諸々の事物とがそこにおいて侵され会合する万物照応の深さの世界、深さの宇宙にふれることにほかならない』」、坂部、前掲書、20頁。

56）プラトン（拙訳）『ティマイオス』〔Burnet, J. (Eds.) (1902) Platonis Opera (vol.4) Oxford, London, Ti. 49A，50D, 52C-D〕参照。

57）プラトン（拙訳）同書（Ibid., Ti. 50B-C）参照。

58）プラトン（拙訳）同書（Ibid., Ti. 50B）参照。

59）マルク・リシール（和田渡ほか訳）『身体―内面性についての試論―』ナカニシヤ出版、2001年、53頁。なお、リシールによれば、この身体の象徴的制度は、とりわけ、プラトンにおいては、宗教的儀式や哲学の制度化と相まって、身体的な「野蛮」や「野生」の合理的訓育を可能にするものとして加工され、他方、アリストテレスにおいては、「形相」―「質料」や「可能態」―「現実態」といった自律的な言語によって、概念的に一層強化される。また、その後のストア派やエピクロス派は、二元論ではなく一元論ではあるが、身体に対する禁欲や節制による抑制によって身体を無力化しようとし、さらに、キリスト教は、受肉の論理によって身体をとらえたが、同時に内面性としての魂の教説を築き上げ、デカルトのコギトを準備することになったといわれている。

60）リシール「日本語版への序文」同書所収、v頁。

61）リシール「日本語版への序文」同書所収、vii頁。

62）リシール「日本語版への序文」同書所収、v頁。

63）坂部もまた、次のような指摘を行っている。「ふれるというもっとも根源的な経験において、われわれは、自―他、内―外、能動―受動といった区別を超えたいわば相互浸透的な場に立ち会う。たとえば『人目にふれる』というような表現において、能動―受動、主体 - 客体の別はいまださだかでない。あるいはお望みならば両義的であるといってもよい。われわれは、いってみれば、そこでそれらの自 - 他、内 - 外、能動 - 受動をはじめとする諸々の差異がそこからして発生してくる、ないしはそれまでの差異化の網の目の布置がカタストロフィックな編成がえを受けてあらためてたち現われてくるその点、ないしは宇宙の力動性の一つの切り口とふれ合うのである」、坂部、前掲書、21-22頁。

64）リシールのいう「深淵」は、それぞれの思想的基盤こそ違え、プラトンの「コーラー」、ロックの「タブラ・ラサ」、カントの「物自体」、ゲシュタルト心理学でいう「地」、メルロ＝ポンティの「肉」、西田のいう能動的一般者としての「場所」、和辻のいう「絶対的全体性」、分子生物学でいう「多能性幹細胞」、複雑系科学でいう「決定論的カオス」などに近いものといってよいのだろう。

65）メルロ＝ポンティは、サッカーのグラウンドという空間について、次のように言及している。「グラウンドはさまざまの力線（『タッチライン』や『ペナルティ・エァリア』をかぎる線）によってたどられ、またある種の行為を促す諸区画（たとえば敵同士の間の「間隙」）に分節されて、競技者の知らぬ間に彼の行為を発動し、支えるのである。グラウンドは彼に与えられているのではなく、彼の実践的志向の内在的目標として現前しているのである。競技者はグラウンドと一体となり、たとえば「目標」の方向を、自分自身の身体の垂直や平行と同じくらい直接に感ずる」、モーリス・メルロ＝ポンティ（滝浦静雄・木田元訳）『行動の構造〈下〉』みすず書房、2014年、73頁。

66）拙著「スポーツにおける左と右—サッカーの対称性と反対称性をめぐって—」佐藤高晴編『左と右のサイエンス』所収、丸善出版、2017年、118-126頁を参照されたい。

67）坂部、前掲書、33頁。

68）なお、本稿は、独立行政法人日本学術振興会から交付された令和元年度科学研究費補助金、基盤研究（C）「体育授業における対話能力向上のための教育プログラムの構築：身体知の現象学と社会学」（課題番号：16K01620）による研究成果の一部である。

第五章

身体感性論を手がかりにしたスポーツと学校における暴力への対処[1)]

―暴力批判への批判を添えて―

松田太希[2)]

1.　はじめに

体罰といじめについて、筆者は、博士論文「学校教育の暴力性に関する社会哲学的研究―スポーツ集団への着目」（広島大学、2017 年）と、それにもとづく拙著『体罰・暴力・いじめ―スポーツと学校の社会哲学』（青弓社、2019 年）で論じたことがあるが、そこでは、問題解決のための視点を提示するに留まっている[3)]。しかし、そこから踏み込んで具体的な方策を示さなければならないことをその後は考えていた。体罰もいじめも実際に目の前で起き得る現象だからである。実際の場では「待った」はない。

これまでの研究では、人間が本質的に暴力的存在であることを認め、それを視点とし、人間関係・社会生活の暴力性を明らかにするものとして「暴力の社会哲学」という立場を標榜してきた。そこでは、暴力（性）は単なる逸脱現象・異常事態ではなく、スポーツと学校教育という場やそこで形成・展開される人間関係の構造及び求められる理念・価値と表裏一体の関係にあることを訴えてきた。そこから考えられたことは、「どうすれば暴力はなくなるか」ではなく、「どうすれば暴力性を調整できるのか」「いかに暴力性とつき合っていくことができるのか」という発想への転換の重要性である。人間が暴力的存在であることを受けとめるとき、考えるべきは暴力の是非ではなくその政治学なのである[4)]。この課題を、本章では、シュスターマンの身体感性論を手がかりにして考えてみたい。暴力をふるうのも被るのも身体という場に他ならない以上、その感性のあり方、変容・改善を主題とする身体感性論は、暴力を考えるための有効な視座である。

2.　身体訓練法

暴力の感情的トリガーとして「怒り」があるが、そのコントロールが暴力性の調整として求められるだろう。

シュスターマンは、*Thinking through the Body* の中で、差別や偏見に伴う否定的な感情を身体性の問題として捉え、その改善は、身体感性論の中心的な課題（a central task of somaesthetics）だとしている[5)]。そのための第一歩がそれら否定的な感情への気づきであるとされ[6)]、フェルデンクライス・メソッド、アレクサンダー・テクニック、ヨガ、禅が有効な身体訓練法として挙げられている。同書には、シュスターマン自身の禅体験が記されている[7)]。彼は客員教授として広島大学に滞在していた時期（2002-2003 年）に道場に入り、一定期間そこで生活をしていた。彼は数度の座禅体験をしている。印象的に記されているのは六度目の体験である。

> 突如として、スリリングな感覚が訪れた。「耳を通して呼吸している」という感覚だった。それは、今まで一度も体験したことのない、概念的理解の及ばないものだった。（中略）頭、首、肩、胸、腹部がひとつの全体として共振的に動いていた。心臓の音がはっきりと聞こえ、心には静けさが訪れていた[8)]。

このシュスターマンの体験が象徴的に示しているように、身体訓練において重要なのは呼吸、また、それへの意識的集中である[9)]。呼吸への集中が、自己の身体と感情の動きへの気づきを可能にするのである。

昨今、暴力問題に対するアンガー・マネジメントの重要性が盛んに言われ、「怒りは 6 秒は継続しないから怒りを覚えてから 6 秒数える」「怒りが爆発する前にどこかに移動する」「深呼吸をする」といった方法がひろく知られるようになった。だが、究極的には思い通りにマネジメントできない（場合がある）からこそ怒りは感情として問題になるのである。アンガー・マネジメントそれ自体が無意味だということではないが、感情の変化に後追い的に振り回されるだけではなく、感情を含めた自己のトータルな存在のあり様を感じ、自己の身体の異変や変化に鋭敏な身体感性の獲得がより根本的な怒りへの向き合い方だと言えるのではないだろうか。

アンガー・マネジメントの一つの方略として身体訓練を用いるとすれば、教師・指導者にとっては、教育・指導の場における自己＝身体のあり様と、身体訓練という場における自己＝身体のあり様の差異に気づくことが自己の変容に向けた鍵となる。筆者は、「暴力の社会哲学」において、教師・指導者の自己が、生徒・選手に注意を向けるあまり、外界への或る種の異様な気にかけによってバランスを崩すことで暴力性を高めることを指摘した。ただし、それは教師・指導者の宿命でもある。身体訓練の場のように、教育・指導の場は教師・指導者が自分自身と向き合うことだけに集中するべき場ではないからだ。生徒・選手と関わり、彼／彼女たちのことを考え、対応する身体性。それもまた、教師・指導者に求められることであろう。にもかかわらず、それによって自己の調整が難しいのだとすれば、その状況から離れた身体訓練の場において、自己のあり様のちがいを感じてみることは有益だろう。身体訓練の場と教育・指導の場を繰り返し往復し、自己＝身体の状態の差異を何度も体験していくなかで、自己＝身体の状態とその変化への気づきの鋭敏さが養われる可能性を考えることができるからだ。

アンガー・マネジメントの重要性が強調され過ぎた場合、「怒り」という感情を抱くことそれ自体までもが否定されかねない。しかし、怒りは人間が抱く感情として或る意味では自然なものなのだから、アンガー・マネジメントの極端な強調は、かえって教師・指導者たちにプレッシャーを与えてしまう恐れがある。怒りを抱くことそのものを過剰に問題視するのではなく[10)]、教師・指導者自身が、怒りに向かっているところの自己の身体の状態に鋭敏に気づくことができるような身体感性を自覚的に育むことが重要なのであり、その方法の一つとして身体訓練はありうる。逆に言えば、教師・指導者自身の身体感性を直接的・主観的に知覚・調整できるのはその人自身の他にはありえないのだから、主体身体のあり方を等閑視した単に介入的なだけのアンガー・マネジメントは身体性を欠いた空虚なものにしかならないだろう。

3.　現象学的運動学

筆者は、「現象学的運動学」という思想・実践が、暴力を抑止する可能性について論じたことがある[11)]。「現象学的運動学」は、運動主体の運動感覚世界を尊重し、それへの指導者の身体的共感を運動・スポーツ指導の原理として強調するものである。この指導観はマイネル（Kurt Meinel, 1898-1973）や金子明友（1927-）のスポーツ運動学からきている。彼らの運動学において、運動技術の獲得は、究極的には偶然に発生するものだと考えられている。マイネルと金子の表現は独特なものなので、ここでは、マイネルらと同様にゲシュタルト論を視点に学習を考える木田の次の指摘を見てみよう。

> ケーラーは、（中略）学習は、けっして反応の頻度によってではなく、状況へのある種の〈洞察〉によっておこなわれるものであることを明らかにした。このばあい、成功した反応が学習され、定着するというのは、その反応がおこなわれたとき、つまり、ある志向が充たされた特権的瞬間に、数々の失敗をふくむこれまでの経験が再構造化され、それらがこの成功にいたるための試行にすぎなかったという意味を与えられたということであろう。そのとき、いわゆる〈「ああ、そうか」という体験〉がおこなわれるのである[12)]。

ここで言われている「洞察」は、ポランニーの言葉を借りて付け加えるならば、「知的な協力（intellectual cooperate）[13]」とでも言える学習者の主体的な努力がなくてはありえない。つまり、指導者が因果的に「洞察」を引き起こすことはできないのである。だから、指導者は究極的には選手の洞察・成長を待つしかない。指導者ができることは、選手の「知的な協力」を創発するためのさまざまな工夫を、その都度の状況に応じて展開していくところまでである。それ以上のことを求め始めたとき、指導者は暴力に近づくのである[14)]。

しかし、「待つ」と言ってもそれは単なる受け身の態度ではなく、予測できない将来を予感的に確信することによって、つまり「時間を味方につける」ことによって指導の時間性を充実させる指導者のアーティスティックな振る舞いとして理解されるべきである。それは、選手の身体感覚への共感にもとづき、選手の成長を信じる力だとも言えるかもしれない。

とはいえ、待つことはやはり難しい。定められた期間で選手を成長させることが現実的に指導者には求められるからである。しかし暴力は、苦痛を与えることで選手の運動感覚への集中を邪魔するものである。また、暴力をふるいながら選手の運動感覚に指導者が共感できているということも考え難いだろう。逆に、選手の運動感覚に共感しているところの知覚に耳を澄ませることは、それが自身の身体との対話である限り、指導者にとっても身体感性の学びとして美的なものでありうる。選手の運動感覚に共感しているところの自己の身体感性への気づきとその涵養。選手の運動感覚という対象世界への集中・没入・移入は指導者自身の身体感性をも豊かにし、暴力の誘惑に簡単には屈しないような指導者のあり方につながっていくだろう[15)]。

4.　校舎改修

シュスターマンは、“Somaesthetics and Architecture: A Critical Option” の中で、身体性に大きな影響を与える環境としての建築に着目している[16)]。このシュスターマンの議論を見るとき、筆者が想起するのは、樋口の論考「フィールドと学び―広島というローカリティをグローバル文化で考える―[17)]」（『学習開発学研究』第 2 号、2009 年、19-27 頁）である。この論考からは「場の記憶」という観点をまず引き出してみたい。

広島には、「カープ」という重要なプロ野球球団がある。なぜ重要か。それは 1950 年、つまり第二次大戦直後に誕生し、「戦後の復興」や「平和への願い」といった広島（の人々）の思い・記憶を形成し、留めておく中心点だったからである。樋口によれば、その記憶は原爆ドームと市民球場の「場の記憶」としてもあるのだという[18)]。世界遺産となった原爆ドーム。その隣に建てられた市民球場。この対置関係が存続する限り、市民球場もまた、原爆ドームと共に平和の大切さを教える場として広島の記憶をつないでいくのだと、樋口は指摘する[19)]。この指摘からは、或る意味や物語を持つ場の存続が、その場に刻まれた記憶、そして、そこに生きる人々の記憶をつないでいくという視座を得ることができる。この視座を「決定的な選択肢」として、いじめに応用できるのではないか。

いじめが発生する学校という場。学校を舞台にした日本のドラマの中でも、いじめのシーンはよく描かれてきた。例えば、学校のトイレ。トイレはいじめのシーンでしばしば登場し、「3K（汚い・臭い・暗い）」と言われ、陰湿な雰囲気が充満する場である。その雰囲気は、そこで善い行いをすることがかえって不自然に感じられてしまうようなものといってもおかしくはない。もちろん、いじめが実際に起きる場所は、他の学校の場（体育館倉庫等）でもありうる。いずれにせよ、学校という場といじめはイメージとして硬く結びついていて、その結びつきは我々自身の体験や記憶によって形成されている。ドラマは、その再生産だと見ることができるかもしれない。

いじめと学校というイメージが、学校という場、つまり、学校という建物において存続しているとするなら、その改修が一つの方略として考えられる。陰湿なトイレ。古く、色あせた校舎。暗い色の廊下。規格化された画一的デザイン。その無機質な様相は、いじめという陰鬱とした現実にマッチしているようにさえも見える。あるいは、そういう感受性を、私たちは学校の建物に対して持つことができてしまうのである。逆に、光彩をたくさん取り入れるような開放的な窓や明るい色の校舎、大きな吹き抜け。そして、綺麗なトイレ。そういう空間が作られれば、その場は、今までとは異なる学校体験を生徒たちに与えるはずである。教師たちの感性や発想にも変化が起きるだろう。学校の建物を改修することで、いじめを含めた、これまでの学校文化の暗いイメージや記憶を積極的に（暴力的に！）断絶させるのである。

5.　おわりに

昨今の暴力をめぐる言論・言説の状況は、非常に過激になっている。某ヨットスクール的な主張ありきのようなあからさまな暴力肯定・必要論が表に出てくることは難しくなったが、一方で、非常に短絡的な暴力批判の言説が目立つようになった[20)]。それらは暴力を解決する意図からなされているにもかかわらず、問題状況への冷静なまなざしや人間の自由への配慮を欠き、非常に暴力性の高いものになっている。そうした議論の主が「冷静なまなざし」も「人間の自由」も尊重しないと言うのであれば話は別だが、彼・彼女たちが暴力批判としてそうした態度・論理を標榜してしまっている以上、看過することはできない。人間の行為や言葉には常に矛盾や誤解の可能性が孕まれているのは当然のことだが、そのことを差し引いてみても、現在の過激な論調が今後も増殖するのだとしたら、それは恐ろしいことである。その言論という名の暴力が、いつか私たち自身に振り向けられるかもしれないからである[21)]。

筆者は、暴力批判が宿命的に自己言及性を孕んでいることを指摘したことがある[22)]。その指摘は、「或る立場を取る＝それ以外の立場を取らない」という仕方でしか暴力批判もまた暴力的に開始されるしかないことへの理解からきている。この点への自覚的理解が疎かにされてしまった場合、暴力批判の暴力性は最終的には他者の否定にまで至る[23)]。他者が存在しなければ、暴力もまたあり得ないからである。暴力に反対することや暴力によって深刻に傷ついた人の味方になることは或る意味では容易いが、暴力批判の言論を展開する場合、さまざまな状況や多様な人間性を可能な限り考慮に入れなければ、暴力批判すらも悪性の暴力になってしまう。つまり、暴力批判に関わるとき、その主体のあり方もまた厳しく問題にされ、「暴力（批判）論に関わる人間としてどう生きるのか」ということまでもが突きつけられているのである。「どう生きるのか」。それは、シュスターマンの身体感性論が、具体的な経験に迫らない論弁的な（discursive）講壇哲学を厳しく批判することで、哲学を「生きる技芸（art of living）」として甦らせようとする問題意識につながるものである[24]。

暴力をふるう・被る身体について考え、語っているこの身体＝自己は、では暴力の現実の中でどう生きるのか。この自省的な姿勢は、絶対に崩されてはならない。それが崩されてしまった場合、暴力に向き合う主体は自身の思考や言説の妥当性を、学会＝うちわからの評価やジャーナリズム上の人気等に求め始め、自身の身体性、つまり実際の体験や経験に照らし合わせることを疎かにするようになる。なぜか。実際には我々は他者や環境との関係のなかで生きている以上、例えどれほど痛ましい暴力の体験や暴力批判に関わる素晴らしい動機があったとしても、暴力批判の思考や言説はまったくの摩擦や軋轢なしに現実に降りたつことはできないからである。性急な暴力批判者は、それが我慢できない。本章では、スポーツや学校教育の状況や構造から離れないようなかたちで方策を考案したが、それは、暴力批判の暴力性への配慮の実践でもあった。

筆者自身、自分の暴力体験が暴力研究の動機になっている[25]。「どうにかしたい」。その一心でここまできている。だから、過激な暴力批判者たちのフラストレーションを或る面では理解できる。暴力は取返しのつかない現実を招きうるからである。しかし、そうだとしても、その切迫感にのみこまれたまま過激な言論を展開してしまうのか、あるいは、そうはしないのか。どちらを生き方として選ぶのか。その選択はきっと、どちらに美を感じるかによるだろう。そして、美的判断をなしうる身体感性は、暴力批判に関わる主体が、具体的な問題状況や現実の中に、その身体性という名の錨を降ろしておくことができるかどうかにかかっているはずである。

《注》

1）本章の内容は、拙論 “The Body Facing to Violence in Education: Critical Options from Somaesthetics” (in Satoshi Higuchi eds. *Somaethetics and the Philosophy of Culture: Projects in Japan*, Abingdon and New York: Routledge, 2021, pp.93-113.）にもとづいており、訳出も含んでいる。

2）HP を設置・公開し、暴力問題に関する相談を受け付けている。https://sites.google.com/view/thehotlineonproblemsofviolence/

3）なぜそれに留まったのかも含め、以下を参照されたい。拙著、212-244 頁。

4）拙論「スポーツにおける人間と暴力」『体育科教育』第 66 巻・第 5 号、2018 年、67 頁。
5）Richard Shusterman, *Thinking through the Body Essays in Somaesthetics*, New York: Cambridge University Press, 2012, p.30.
6）Ibid., p.30.
7）Ibid., pp.302-314.
8）Ibid., p.313.
9）Richard Shusterman, *Body Consciousness A Philosophy of Mindfulness and Somaesthetics*, New York: Cambridge University Press, 2008, p.155.
10）樋口は、「怒り」という行動の表面だけにしか注目せず、それを即「ハラスメント」だと宣言し、処理するような昨今の社会的な風潮を「非知的」だと厳しく批判・牽制している。樋口聡「感性教育論の展開（4）―技能―」『広島大学大学院人間社会科学研究科紀要「教育学研究」』第 1 号、2020 年、9 頁。
11）拙論「スポーツ指導の問題性」高橋徹（編）『はじめて学ぶ体育・スポーツ哲学』みらい、2018 年、87-90 頁。拙著、229-232 頁。
12）木田元『偶然性と運命』岩波新書、2001 年、12 頁。
13）ポランニー，M.（高橋勇夫訳）『暗黙知の次元』ちくま学芸文庫、2003 年、20 頁。（Michael Polanyi, *The Tacit Dimension*, Peter Smith, 1983, p.11.）
14）教育における暴力問題に対しても、「待つ」ことの重要性を論じたことがある。以下を参照されたい。拙論「「教育の暴力 / 暴力の教育」にいかに向き合うか―信じる力を信じて」」『福音と世界』第 76 巻・第 1 号、2020 年、18-23 頁。
15）運動を、気持ちや感情の動きといったことを含めて広義に捉えるならば、教育の場合も同じように考えることができるだろう。つまり、児童・生徒の行動の表面的な部分だけではなく、彼・彼女たちが「何を感じつつ生活しているのか」に想像的・共感的に関わることができる教師の身体感性は、暴力的態度とは一線を画することができるはずでる。
16）Shusterman, op.cit., 2012, pp.219-238.
17）樋口は、この論考の内容を、The International Symposium on Soccer and Society のために準備した。このシンポジウムは、2002 年に日韓共催で行われたワールドカップ（サッカー）に付随するものだった。樋口は、サッカーの専門家ではないことに戸惑いながらも、グローバル文化となったサッカーの具体的な姿を、広島というローカルな場で考察するという目的を設定している。その設定は、紛れもなく、樋口が広島という場所で生きてきているからこそ可能となったのであり、それは、我々が身体的存在としてある特定の環境の中で生きる他ないことをまさに示している。この論考の一部は、樋口の『身体教育の思想』（勁草書房、2005 年、67-73 頁）にも収められている。
18）同書、72 頁。
19）同書、72 頁。しかし市民球場は周知の通り移転され、新しいスタジアムには企業の名が冠されている。
20）大内は、内田との対談において、内田の『教育という病』（光文社新書、2015 年）に触れながら、「学校での暴力問題を学校の構成員である教師と生徒との間だけで考えては不十分だということ」が分かるとし、「暴力を支える学校外の「観衆」や「傍観者」を意識することが大切です」と強調する。この指摘は妥当であろう。しかし、「最もおぞましいと思うのは「嘆願書」です。どうして暴力をふるった教員に、処分の軽減や指導継続などを求める嘆願書が、多くの賛同者を集めて出されるのでしょうか。あれを平気で行ってしまう教育の現状は、おぞましいとしか言いようがありません」と述べ始め、これに対し、対談者の内田が、「よくあんなにも、恥ずかしくないのかと思います。暴力を行った先生に対する評価が「いい先生でした」ですよ」と応えるとき、そのやりとりはほとんど嫌味のような言葉づかいになってしまっている。両者とも、暴力問題は学校だけでなく、日本社会を考えることでもあるとしているが、ここでは、「なぜ嘆願書が出されるのか」「なぜ「いい先生」という評価が起きるのか」を現実として受けとめ、冷静に問い、考えていない。「そんな恥ずかしいことは馬鹿げている」というのが、彼らの間で共有されている空気である。無論、筆者も暴力問題を軽く見ているわけではない。深刻な状況に対しては、厳しい対応が必要だと考えている。しかしそれは、当事者との話し合いを含め、個別の状況に応じて慎重に検討されたうえでなされなければならない。「あれ」「あんなにも」という指示語や大内と内田が共有する「ブラック」という表現は、あまりにも慎重さを欠いた言葉の使用である。当事者が行き場のない感情を爆発させるために、いわば或る種の復讐のために、そのような表現を取らざるを得ないことがあることには、筆者は一定の理解を示したいと思うが、当事者の周囲で観察的な立場にある研究者・学者は、当事者ではないからこそ冷静に分析・考察し得ることを発言するべきではないだろうか。どこまでいっても言語化には暴力性がつきまとうが、だからこそ我々は言語化への慎重さを失ってはならない。内田と大内の対談については以下を参照されたい。内田良・大内裕和「「教育の病」から見えるブラック化した学校現場」『ブラック化する教育 2014-2018』青土社、2018 年、151-153 頁。フリーライターの島沢もまた、『部活があぶない』（講談社現代新書、2017 年）で「ブラック部活」、さらには「セクハラ部活」という表現を用いている。もっとも、彼女は『桜宮高校バスケット部体罰事件の真実　そして少年は死ぬことに決めた』（朝日新聞出版、2015 年）を書いており、具体的な状況にまなざしを注ぐことを疎かにしているわけではない。また、『部活があぶない』で言及されている各事例は確かに深刻である。しかしそのことを差し引いても、「ブラック部活」「セクハラ部活」という言葉は、或る特定の場の問題を別の問題にまで飛躍的に拡大させている観があり、表現としての軽薄さは否めない。また、「部活好きな日本人」（同書、5 頁）「そう、日本人の多くは部活が好きなのだ」（同書、7 頁）という言い方もされているが、文脈を考慮しても、不必要な揶揄を感じる。まず事実として、日本で暮らしている日本人の多くが部活をなんらかのかたちで経験するのだから、部活を好きになる人々がでてくることは自然なことだろう。そもそも、部活を好きになることそれ自体は、揶揄されなければならないような問題ではない。島沢は「そのことは否定しない」と反論するかもしれないが、そうであるならば、表現を工夫するべきだったはずである。詳しくは以下を参照されたい。島沢優子『部活があぶない』講談社現代新書、2017 年。我々は、常に自分自身の行為がブラックか否かなどということを厳密に検討しながら生きているわけではないはずである。そのようなことを本気で厳密・正確にやろうとすれば、多かれ少なかれ、人間は神経症的な状態に陥ってしまう。善悪だけでわりきることができない複雑系の現実の中で我々は生きているのだから、当事者も学者・研究者もその難しさに向き合わなければならない。いずれにせよ「ブラック○○」「××ハラスメント」といった論調は、スポーツ（指導者）、学校、教育（者）への不必要なまでのマイナスイメージの産出を助長してしまっている。

21）ヴァルデンフェルスは次のように述べている。「暴力の正当化は事後的にのみなされるということ、その際、語ることや行うことは語られたことや行われたことに還元されるということ、そしてさらに、語られたことや行われたことの正統化は常に不十分な根拠を提供するのみであるということ、もしこれらのことが正しいとすると、いかなる正当化によっても埋めようもない真空地帯が口を開けていることになる。このような事情にもかかわらず、もし人が正当化の空隙を埋めようとし、暴力的なるもののあらゆる契機を根絶しようと試みるなら（中略）その場合には、増大した過剰正当化（Überlegitimierung）から帰結する暴力の特殊形態が登場することになる」。ヴァルデンフェルス，B.（村田純一訳）「正当化の限界と暴力への問い」現象学・解釈学研究会（編）『理性と暴力』19-20 頁。（Bermhard Waldenfels, “Grenzen der Legitimierung und die Frage nach der Gewalt” in *Der Stachel des Fremden*, Suhrkamp, 1990, S.117.）

22）拙著、26-29 頁。

23）筆者は、この問題が、学問研究という分析的・論理的言語の構造の影響を受けている可能性を論じたことがある。それは、具体的には、*Philosophy of Social Science*（Routledge, 2015）において、著者 Rosenberg が「社会科学の正当性」を考える際の論理に対する批判的な検討によってなされた。Rosenberg は、社会科学が学的対象として説明と解釈を試みるものは「行為」

であるとし、「行動」、とりわけ「非合理的な行動（irrational behavior）」（Ibid, p.53.）はその対象ではないとしている。非合理的な行動に暴力が含まれるとは書かれていないが、Rosenberg の他の箇所の議論を考慮すれば、暴力が合理的な行動だとして積極的に見なされているとは考え難い。この議論は、社会科学の正当性を考える際になされているものである。正当化や何らかの秩序形成と暴力の関係は暴力論によって既に指摘されてきたことだが、学問研究も、特定の現象を研究の対象から「閉め出す」という暴力を行使する点で、その例外ではないのである。もっとも、その暴力性は、或る面では、学問という営みを駆動させる根源的な力でもある。重要なことは、そういう暴力性を行使したうえで我々の活動が成り立っているということへの省察的理解と自覚的調整である。詳しくは以下を参照されたい。拙論「あらためて、暴力の社会哲学へ――暴力性の自覚から生まれる希望」『α-synodos』vol.273（2020 年 3 月 15 日配信）

24）シュスターマン，R（樋口聡・青木孝夫・丸山恭司訳）『プラグマティズムと哲学の実践』世織書房、2012 年。（Richard Shusterman, *Practicing Philosophy Pragmatism and the Philosophical Life*, Routledge, 1997.）

25）拙著、19-25 頁。

第六章

「身体的イメージ」実現に向けた自己展開力育成のための教科体育の展望

新保　淳

Ⅰ

筆者は、教員養成学部で「体育原理」や「体育・スポーツ社会学」等の理論に関する講義の担当に加えて、一般教育科目としての「健康体育実技」（主に、バドミントンや卓球の実技種目）をこれまで担当してきた。こうした「姿」を保健体育科以外の他の大学教員から見るならば、一方では大学教員（スーツにネクタイをして講義室で講義をする姿）であって、また一方では中学校や高校の保健体育科の教員（運動着を着て体育館で授業をする姿）というように、大学教員の中でも独特な存在であるという見方をされても当然であったであろう。実際のところ、「先生は何が専門ですか」という保健体育科以外の他の大学教員からの問いは、後者の姿を対象とし、そこにおける実技の専門性を問うことがほとんどだからである。しかしながら自分の中では、「理論と実践をいかに接続することができるか」を常に問うとともに、そこから得られた知見を将来の保健体育教員の養成につなげることにそのエネルギーを注いできた。それは単に「運動技能」の伝授を中心とした「（運動）理論と（運動）実践の橋渡し」を目的とするのではなく、運動文化の実践がもたらす「身体的存在である人間が、他者とのコミュニケーション的関係において、知識や技能によって世界を構築していく学び」[1)]の実現に向けて、それを可能にする教員をいかに養成するかが、その探求の中核にあったと言えよう。

具体的には、特に「持続可能な社会」が叫ばれるようになってからは、「近代」というパラダイムで発展してきたスポーツ文化もまた、我々にスポーツ一般が持つプラスのイメージの影響をもたらすのみではないことを指摘する一方で、将来を担う児童・生徒に小・中・高校における体育科・保健体育科という教科（以下、教科体育と略す）が何を目指して取り組むべきかが、ここ数年のテーマであった。そこでは、「持続発展教育（Education for Sustainable Development）を視点とした新たな教科体育の展望」を検討する中で、「生涯に渡る個々人の持続的な身体的価値の追求」という視点を提供するに至った。すなわち、従来からある記録の更新やパフォーマンスの高度化といった、いわゆる近代の「右肩上がり」の身体イメージの実現に寄与することよりも、むしろ個々人の年齢とともに変化する身体に応じた「歩き方」や「走り方」等々といった「身体的イメージ」を生涯に渡って持続的に追求しようとするうえで、主体的に取り組むことができる人間の育成がこれからの教科体育の課題としてあげられた。

こうしたことを実現していくため、図1に示したように、まず起点となる自らの身体の「今」を知るための「自己観察力」が必要であること。さらにはそれを前提とした上で、自らが求める「身体的価値の具体的なイメージ化」がなされるとともに、そのイメージを具体化するための方法論を構築する能力、すなわち創造力・計画力・実施力等々を養うことが求められるであろうことを指摘してきた[2),3),4)]。

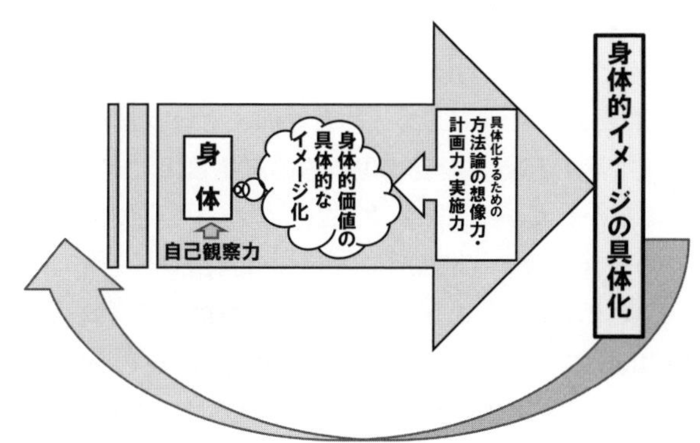

図1　身体的イメージの具体化プロセス

II

自らがイメージする身体的価値を具体化する上で、その起点となる自らの身体の「今」を知るためには、桑子が指摘する「空間と自己のかかわりの発見」[5)]という視点が、自己変容を辿るうえで重要となるであろう。また諏訪は、「自分のからだと環境のあいだにどのようなインタラクションが成立しているかに注意を向け、できるだけそれらをことばで表現することによって、からだと環境の関係を変える(つまりからだを進化させる)という学びの方法論」[6] が必要であることを指摘したうえで、その方法論を「からだメタ認知メソッド」と命名している[7]。

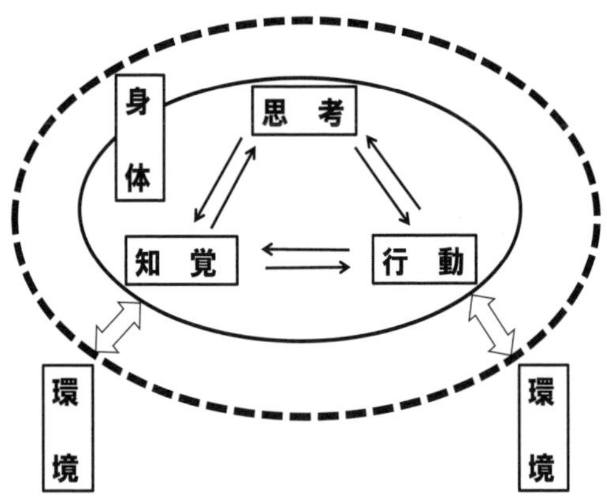

図２　認知カップリングにおける身体と環境[註1)]

この自分の身体と環境との関係を「語る」ための実践的研究の場として、筆者は保健体育の教員免許科目である「体育原理」という講義を活用してきた。講義では、「自己変容の起点」を受講生自らの誕生日に設定し、佐藤が示す教育の「関係性」にかかわるテクニカルターム、すなわち「作用項」、「被作用項」、「媒体項」等々の教育の機能（関係性）を示す分析用語[8] を用いて、大学入学時までの自らの身体と環境とのインタラクションによる「身体の履歴」をレポートとして提出してもらった。受講生は誕生以来、自らを取り巻く「環境」に存在する様々な「媒体項（＝運動形式)」、それらは寝返りから這い這いをそして歩行といった「媒体項」に加えて、食事における箸の持ち方等々の我々が生きていくために必要な「媒体項」が全て含まれる「環境」の中で育つ。またそうした生きるための「媒体項」を顕現化するためには、「被作用項」である自らの身体に対して、「作用項」として、例えば両親や兄弟姉妹等々の身近な存在をはじめとする多くの人々が関わってきた「時間」的経過がある。さらには自宅からその周辺の地域、そして世界へと広がる「空間」としての「環境」とのインタラクションがあってこそ、現在の自らの身体が存在していることになる。受講生は、誕生時の「何もできない『からだ』[註2)]」を起点とし、その後の自分を取り巻く「環境」との関係を振り返りながら現在の「身体」へと変遷するプロセスについてのレポートを作成することで、将来の自分の身体をイメージすることになる。こうしたレポートの作成を通して、受講生自身には、これから生涯にわたって展開されるであろう「自己観察」のためのトレーニングとなりうることを期待するとともに、一方では、卒業後に出会うであろう児童・生徒の「身体の履歴」へと視点を向けることが生徒理解の奥行きを深めることにつながることを期待するものである。

ここ数年における受講生のレポートの特徴を記すならば、保健体育科の受講生がほとんどであるだけに、幼少の頃には何もできない「からだ」が、スポーツ実践の場等で活躍できる「身体」へと成長するプロセスで、非常に恵まれた「環境」（恵まれた「作用項」、すなわち良き指導者や部活動のために物心両面から支えてくれた両親等々）であったことを振り返る契機となっている。さらには、こうした自らの「身体の履歴」を振り返るとともに、それを記述するという経験をすることによって、保健体育科の教師として、今後出会うであろう児童・生徒を理解するための視点となることの重要性に気づくものとなっており、前述の期待を裏付けるものと言えよう。しかしながら、ほとんどの受講生が様々な「作用項」に依存して成長してきているだけに、結果的に「自分のからだと環境のあいだにどのようなインタラクションが成立しているか」について思考した経験がほとんどないため、記述においては断片的となり、「空間と自己のかかわりの発見」を十分に物語るまでには至らないレポートが多い。そのためにも、彼らが教科体育を学ぶ小・中・高校の期間（以下、「学校体育期」と略す）において、自己の身体との出会いや環境との相互作用について物語るために、具体的にどのような「表現力」を育むべきかについては、これからの教科体育の課題であると言えよう。

III

図１の「身体的イメージの具体化」に向けて、そのプロセスを生涯にわたって往還させるには、現行の教科体育のような技能の獲得に重点をおいた目標設定とそれに対応した評価に留まらない、新たな授業実践が求められるであろう。それはすなわち自己の身体イメージを具体化するための創造力・計画力・実践力の養成、いわゆる「自己展開」しうる能力の育成もまた教科体育の目標として設定されるとともに、そのための評価がなされねばならないと考えられ

る。具体的には発育発達の段階に応じて、小学校低学年から「技能」や「表現力」を「達成目標」として育みながら、自らの生涯にわたって「身体的価値」を追求しようとする「向上目標」達成のために、その「方法論」の学びの割合を大きくしていく図3のイメージである。

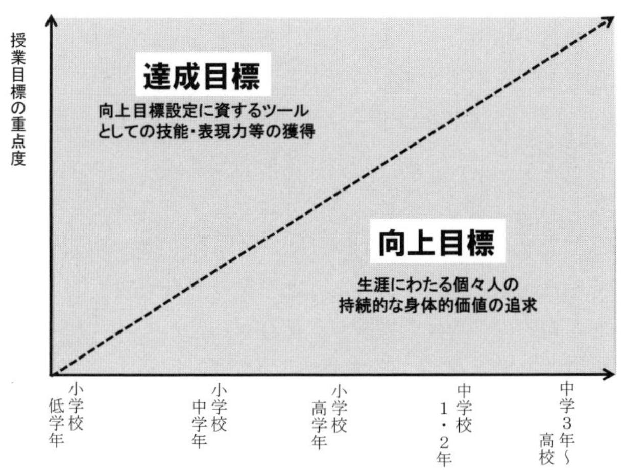

図3　達成目標と向上目標の関係

この「向上目標」の達成に向けてそのイメージを具体化するために、筆者が「運動着を着て体育館での授業」を実践してきた大学での「場」は、一般教育科目の中の「健康体育実技」である。ここ5年間に渡って1クラス男女混合約50名の卓球の授業を週に2コマ実施する中で、実技におけるアクティブ・ラーニングを目指して、概略、以下のような授業目標を設定し展開をしてきた[註3)]。

まず半期15回の授業全体を、図1のライフサイクルにおけるミニマムな1サイクルと位置付けた。その上で、以下の授業ガイダンスを冒頭に行った。

①この授業は、半期の授業終了後における受講者個々人が設定した目標（身体的イメージの具体化）に向け、授業期間中には常に自己観察を実施し、その目標達成のための「着眼点」とその解決に向けた「工夫」を自分で創造し、計画し、実践することができるようになることを目標とすること。

②この授業では、「着眼点」や「工夫」をワークシートに記述し、その記述内容や活用状況等をとおして「主体的な学び」がなされているかについての実践力を評価するのであり、実技力だけを評価するものではないこと。

こうした全体ガイダンスを実施した後に、毎回の授業では、受講者に対してまず「着眼点」を授業開始時にワークシートに記述させ、授業終了後にその場で、「工夫と自己評価」および次時の「目標」(これが次時の「着眼点」の材料となると説明)の順に記述するよう指導した。ここでの指導のポイントは、「着眼点」の活用である。まず「自己観察」のために、iPod touch を 4 台準備し、それを受講生同士で自由に利用できるようにした。その自己観察のもとに導き出された「着眼点」は、次なる自己の「身体的イメージ」に連なるものであり、その「身体的イメージ」の実現に向けた「目標」の設定(授業開始時)と、それに向けて授業中に取り組んだ「工夫と自己評価」(授業終了時)を記述させることによって、「自己展開」しうる力を育みたいと考えた。というのも、これまでの学校体育期における受講生の立場は、いわゆる生涯スポーツへとつなげることが想定された学習指導要領において、そこに例示された運動内容がとにかく「できるようになる」ために、教師が設定した体育目標やそのための方法(授業展開)を受け入れざるを得ないという立場にあったと言えよう。こうした従属的な位置に置かれていた受講者に対して、この授業では、各自の身の丈に合致した身体的価値の追求へと繋げるための実践の「場」を提供することを試みた。

結果的にこうした授業実践からは、以下の成果を確認することができた。

まず言えることは、〈「学び」の自己展開〉というプロセスを、受講生はどの程度実行しうるのかについてである。こうした授業展開を始めた初年度の受講生による授業後のアンケート結果からは、「『身体的イメージサイクル』の理解」に対して「深まった」とする回答がほとんどの受講生から得られた。そのため、前述の授業展開が〈「学び」の自己展開〉へと結びつくことの可能性を示しているといえよう[9)]。別の年度における「経験した体育授業の評価」に関する受講生へのアンケート結果からは、他の保健体育科目の受講生に比べ「体育とは技能を重点的に評価すべきだ」とするものより「体育とは技能の習得過程を重点的に評価すべきだ」という回答が、このクラスでは多数を占めていた[10)]。以上の結果から、これまでの教師主導による実技のみを中心として展開されるいわゆる受け身の授業に対して、ワークシートの書き込み等を毎回の授業で求めた、いわゆる「面倒な」授業展開であったにもかかわらず、自らが自らの身体を通して実現しようとするイメージに向けて主体的に取り組むという、これまでにない授業展開を良しとする受講者からの評価であったと言えよう。

一方で、こうした受講生自身の自己展開力の評価に関しては、なかなか具体的な手法を見出すことが困難であった。しかしながら数年にわたってこうした授業展開を試みた結果として、「着眼点」をキーワードとし、そのワードを巡って展開される思考プロセスをデータとして用いることによって、その解決の糸口を見出すことができた。この「着眼点」というワードを中心とする評価方法は、今後の学校現場においても、GIGA スクール構想の実現による ICT 化とフリーソフトウェアの KH Coder を用いることによって、現職の教員にも評価の可能性を示すことができたと言えよう[11)]。しかしながら、「自己観察」から「着眼点」を抽出する能力をいかにして評価するのか、あるいは「着眼点」に対する「追求の度合い」の広がり、あるいは深まりについて評価するには限界があることも明らかになった。

受講生の多くは、学校体育期においても授業後にワークシートを用いて授業の感想等を記述する経験はあったと思われるが、自分で上達のための情報を収集し、それによって自分の技能を高めるという経験はほとんどなかったと想像される。しかしながら今日、YouTube 等を検索すれば、あらゆる技術の視覚的情報を容易に得ることができるだけに、これからは学校体育期以後においても〈「学び」の自己展開〉の可能性は高まると言えよう。

Ⅳ

児童・生徒が生涯を通して自らが求める「身体的価値の具体的なイメージ化」ができるとともに、そのイメージを具体化するための方法論を構築する能力を育むことができる保健体育教員の養成を目指して、この約 5 年間にわたって「理論と実践」をつなぐ研究を行ってきた。その中からいくつかの展望と課題を見出すことができた。

1) 学校体育期において、環境と相互作用しながら育まれる自らの身体について自由にかつ深く物語ることができるようになるならば、生涯にわたって自らの身体を「自己観察」することもまた可能になるであろうこと。
2) 教科体育の授業実践において、教師が「着眼点」を活用したワークシートを用い児童・生徒の思考のプロセスを表現させる授業を展開することによって、学校体育期以後も自らの身体的価値の追求とそのイメージの具体化は可能になるであろうこと。

しかしながら、今回の「自己観察」と「自己評価」のシステムは、大学生を中心にした実践において検証を試みた結果であり、そこに「自己展開」の可能性を見出したに過ぎない。その可能性を現実化するためには、図 3 のように、教科体育における小学校低学年からの積み重ねがなされつつ、その成果を蓄積していくことが求められるであろう。また今回授業で取り扱ったのは卓球という、いわゆるネット型の対人スポーツを対象としたものであり、これを球技等の集団スポーツにおいて実践する場合、非常に多くのモノやコトが個人の環境に影響を与えることが予想される。それだけに、小学校段階の「達成目標」から「向上目標」へとつなげる統一的なカリキュラムをどのように構築していくかが今後の課題となるであろう。

《註および引用文献》

註 1）この図は、諏訪（文献 7，p.93）の「認知カップリングにおける身体と環境」の図をもとに、筆者が作成したものである。

註 2）ここでの「からだ（自然的存在）」は、誕生まもない、一見、何にもできない体の状態を意味し、その後に身体教育によって身体的諸能力が顕現化されることで「身体（文化的存在）」となっていくという説明を講義では行っている。

註 3）筆者が担当した受講生は、スポーツに対して得意と認識しているものが少数の集団であった（文献 3，pp.164-165）。

1）　樋口聡，講演「新しい感性教育論」（2007 年 5 月 11 日、中国、華東師範大学）.

2）　新保淳，大村高広，村田真一「持続発展教育を視点とした新たな教科体育の展望」『静岡大学教育学部研究報告（教科教育学篇）』第 48 号，2017 年，pp.237-252.

3）　新保淳，村田真一，大村高弘，三原幹夫，河野清司，高根信吾「ESD を視野に入れた学校体育におけるプログラム開発―体育実践におけるパフォーマンス評価を事例にして―」『静岡大学教育学部研究報告（教科教育学篇）』第 49 号，2018 年，pp.155-170.

4）　新保淳，山崎朱音，村田真一，河合紳和「「学び」の自己展開力に関する評価方法の研究」『静岡大学教育学部研究報告（教科教育学篇）』第 50 号，2019 年，pp.23-37.

5）　桑子敏雄『感性の哲学』日本放送出版協会，2001 年，p.51.

6）　諏訪正樹，堀 浩一『一人称研究のすすめ：知能研究の新しい潮流』，人工知能学会（監修），2015 年，p.24.

7）　諏訪正樹『「こつ」と「スランプ」の研究：身体知の認知科学』講談社選書メチエ，2016 年，pp.88-96，pp.120-162.

8）　佐藤臣彦『身体教育を哲学する―体育哲学叙説―』北樹出版，1993 年，pp.85-102.

9）　前掲（3），pp.165-166.

10）前掲（4），p.35.

11）新保淳，山崎朱音，鎌塚優子「技能系教科における「思考・判断・表現」の評価方法の研究：体育実践を事例として」『教科開発学論集』第 8 号，2020 年，pp.153-157.

第三部　教育

第七章

社会的構成主義の学習論における言語と身体性についての考察

須谷弥生

1. はじめに

社会的構成主義の学習論は、構成主義学習論の批判から展開した一つの立場である。日本の学校教育において、社会的構成主義の学習論は、協同学習、協同的な学び、協調学習、参加型学習といった実践形態に反映されており、それらの実践では、関わり合い、相互作用、対話、参加、といった概念が重視されている[1)]。これらの実践形態は、2020年度施行の新学習指導要領が目指す、「主体的・対話的で深い学びの実現（アクティブ・ラーニング）」のための授業モデルとして期待が寄せられており[2)]、今後もこうした社会的構成主義の学習論を理論的根拠とみなす実践が求められていくと思われる。それにともなって、社会的構成主義の学習論に対するさらなる理解も求められていくだろう。

しかしながら、協同学習といった知識創造型モデルの教育実践は、一部ですでに形骸化してきているとの指摘がある[3)]。教育実践においてこのような問題が起こっている背景には、社会的構成主義の学習論における知の性質が明らかにされている一方で、「知の構成過程」は十分に検討されていないということがあるのではないか。知識創造型モデルの授業を学校教育に導入していくためには、その理論的根拠として考えられている社会的構成主義の学習論を再検討して知の構成過程やその特徴を明らかにする必要があると思われる。

そこで、筆者は、知識創造型モデルの実践の形骸化問題に向き合うために、その理論的基盤である社会的構成主義の学習論に位置づく教育言説の批判的再検討を通して、社会的構成主義の学習論を再構築することを目的とした研究を、樋口聡教授の指導のもとで行ない、2021年1月に、学位請求論文「社会的構成主義の学習論における言語と身体性についての教育学的研究」を広島大学大学院教育学研究科に提出した。本稿は、その要約である。

社会的構成主義の学習論は、アメリカの教育哲学、教育心理学において展開されてきた。佐藤学は、アメリカにおける学習論の変遷を4つの系譜に分けてまとめている[4)]。佐藤の研究を踏まえて社会的構成主義の学習論のさらなる検討を試みる古屋恵太は、日本の教育哲学・教育思想史の領域において、ヴィゴツキーとデューイを結び付ける鍵概念が人工物（文化的道具）であることが周知されておらず、社会的構成主義の学習論が前近代的な共同体や徒弟制によって例示された状況論に矮小化されて理解されていることを指摘する。それに対して、デューイを理論的基盤とするギャリソンやプラワット、ヴィゴツキーを理論的ルーツにもつ「文化―歴史的活動理論（cultural-historical activity theory）」の提唱者であるコールやワーチは、デューイとヴィゴツキーの両者が個人の活動に媒介物としての人工物（物理的道具と心理的道具）を想定した点を指摘しており、心理学的個人主義やピアジェの系譜を引く構成主義を批判する独自の視点を持っていた、と古屋は述べる[5)]。中でも、ブルーナーは、デューイとヴィゴツキーを架橋する社会的構成主義において大きな役割を果たした、と古屋は考える。その理由は、ブルーナーがヴィゴツキーらのロシア心理学とアメリカのプラグマティズムの共通項として「道具主義（instrumentalism）」を挙げている点にあるという[6)]。

佐藤と古屋の研究では、社会的構成主義の学習論の広がりと鍵概念としての文化的道具である言語の重要性、社会的構成主義の学習論が考える知識の性質を把握することが可能である。しかしながら、学習者主体が知をいかに構成していくのかといった「知の構成過程」が十分に検討されているとは言いがたい。

本研究の考察対象を、先行研究において社会的構成主義の学習論の広がりの中で重要な位置付けにある、デューイ（Dewey, J. 1859-1952）、ヴィゴツキー（Vygotsky, L. S. 1896-1934）、ブルーナー（Bruner, J. S. 1915-2016）の理論に設定する。また、日本で最初に社会的構成主義の学習論を整理・呈示したと考えられる佐藤学が、地下水のようにあるこれまでの日本の大正自由教育や戦後の新教育等の蓄積をどう掘り起こし、新しい教育の創造につなげていくかが重要である[7)]、と述べていることを受けて、大正自由教育運動期に学習研究を行った木下竹次の学習論も考察の対象とする。木下の学習論を検討することにより、社会的構成主義の学習論の一つの実践的展開可能性を呈示できるのではないかと考える。

これらの論を再検討するための観点は、丸山圭三郎によるソシュール理解すなわち「丸山ソシュール論」である。丸山ソシュール論を考察の観点として設定することの妥当性は、本研究の考察全体で示されるものではあるが、知の社会的構成を可能にするダイナミックな素材・道具として言語を捉える言語観を丸山ソシュール論は与える、と筆者は評価するからである[8)]。それに加えて、本稿では、言語の「恣意性」と、「身体性」という基本的性質にも着目した。

2.　デューイ学習論の再検討—言語の二義性と経験の身体性—[9)]

デューイは学習について考える際、言語をどのように捉えていたのだろうか。デューイは教育とりわけ言語教育を論じる際、ネガティヴな姿勢とポジティヴな姿勢の両方を取っている。まずは、ネガティヴな姿勢から見ていこう。デューイによると、当時のアメリカの伝統的なカリキュラムでは、小学校の最初の三年間のうち、75ないし80パーセントが、読み・書き、計算という記号の習熟に費やされていたという[10)]。デューイは言語を使用する前提として、子どもの中に「生き生きした印象や確信を伝えようとする真の欲求から生じたもの」[11)]が必要であると考えていた。そのため、伝統的なカリキュラムで行われていたような、子どもたちの表現欲求を喚起することなく押し進められる、アルファベットや基礎計算の反復練習といった、表象の世界に閉じ込められた貧しい、読み・書き、計算の時間に対して、デューイはネガティヴな姿勢を示しているのである。

一方、デューイの言語教育に対するポジティヴな姿勢は、読み・書き、計算を学ぶ目的が重要であると述べていることに見受けられる[12)]。デューイによると、数記号を含む言語は、社会が知的探求の道具として、過去に社会が進化させた道具であること、子どもの限られた個人的経験の可能な範囲を超えて存在する社会的資本の富を、子どものために開ける鍵を表わしていること、という点において、二重の意味で社会的であるという[13)]。こうした記号の学習は、デューイが批判していた旧教育で行われていたように、形式的で無味乾燥な活動に転じやすい。そこで、デューイは、実験学校において、(1) 従属性・付随性、(2) 道具性、(3) 必要性、の三つの原理からなる関連的方法（related way）を用いることにより、この問題の解決を試みた[14)]。

デューイによる言語の二義的な理解には、どのような背景があるのだろうか。丸山ソシュール論を参照すると、デューイによるネガティヴな言語教育の捉え方は、修辞や文法の習得に終始する狭義のラングの見方に基づく教育実践に対する批判であり、ポジティヴな言語教育の捉え方は、ランガージュを見据えたラングに基づく教育実践への支持であると解釈できる。また、社会的・歴史的に構成されたラングの存在を前提として、子どもたち自身がラングの個人的写像を、内部に構成し社会に参与していくことこそが、デューイにとっての言語を学ぶ意義であると解釈できる。

では、デューイが「学び」と等価に置く「経験」において、言語はどのように捉えられているのだろうか。デューイの述べる経験には、まず、直接的経験と間接的経験の二層があり、それらには、経験―思考―言語という連関が存在する[15]。経験は言語を介在することによって初めて構成されるのである。デューイの述べる経験には、直接的経験と間接的経験をそれぞれ含む第一次経験と第二次経験という二層もある。第一次経験を皮切りに、社会的・歴史的に蓄積されてきた知を用いながら第二次経験として知的探究を展開することにより、われわれは探究の結果に基づいた第一次経験のさらなる理解へと向かう。この第一次経験と第二次経験の円循環が、デューイの述べる、経験を解釈・拡張し、生活を豊かにすることの構造であり、二つの経験の間の往還を可能にする媒体が、道具としての言語（パロール）である。このように、身体的活動と言語活動は分かちがたく結びついているのであり、デューイは両者を結びつける教育実践の重要性を指摘していたのだと思われる。われわれはパロールを用いることにより、経験そのものを構成し、第一次経験と第二次経験との間の円循環を実現する。パロールにより経験を構成すること、経験を解釈・拡大することが、デューイの学習論における「言語を用いた知の社会的構成」であると言える。

3.　ヴィゴツキー学習論の再検討
―言語の媒介性とミーメーシスとしての身体性―

ヴィゴツキーは言語をどのように捉えていたのだろうか。ヴィゴツキー研究者の中村和夫によると、ヴィゴツキーは、高次的精神機能（意識）の発達を説明する根本要因として、活動ではなく言語を採用したという[16]。また、柴田義松によると、ヴィゴツキー論においては、道具を介して環境に立ち向かうのが人間であり、そのため環境に対する間接的関係が、人間と動物の活動が区別される基本的な点であるという[17]。ヴィゴツキーの言語の捉え方は、抽象化能力やカテゴリー化能力であるランガージュを見据えたものであると解釈することが可能だろう。丸山ソシュール論において規定されるランガージュとは、間接性、代替性、象徴性、抽象性によって人間の一切の文化的営為を可能にする能力であり、人間と動物を分けるメルクマールとしての役割を果たしているものだからである。

次は、言語の身体性に関連した「身振り」に着目しよう。ヴィゴツキーは、身振りと文字記号を結びつける契機として「描画」と「遊び」の二つを挙げている。描画や遊びの中で見受けられるこうした子どもの身振りは、書きことばの前史として現われる特徴として位置づけられていることから[18)]、ヴィゴツキーが考える書きことばの基盤には身体の使用を認めることができる。書きことばの前史である身振りは、ミーメーシスの過程であると考えられる。それは、話しことばの習得の場合も、同様に考えることができるだろう。外言の獲得は、他者の外言の模倣によってなされるのであり、外言を内在化し、自己中心的ことばを通して内言を獲得し、言語的思考へと至る道のりは、ミーメーシスの過程そのものである。言語の獲得は、人間特有の能力であるランガージュに基づいて、主体により社会的に構成される。その際、特に書きことばに顕著に表われるように、或いはミーメーシス概念を通して明らかになるように、身体を基盤として構成されるのである。

4.　ブルーナー学習論の再検討
―言語による構造とナラティヴにおける身体性―

ここまで見てきたデューイとヴィゴツキーを社会的構成主義という立場において結びつけたと言われるブルーナーは、学習における言語をどのように捉えているのだろうか。ブルーナーは学習について論じる際、教科の構造を強調すること、発見を促す興奮の感覚を重視すること、の二つが重要であると述べる[19)]。これまでばらばらであった諸事象を学習者自らが意味づけ、自らの中に構造化していくこと、これがブルーナーの述べる「発見」であり、その発見の際に学習者がつかみ取るのが「構造」である。この構造は言語により構成されることから、ブルーナーの述べる構造の構成とは、学習者が自らのラングの個人的写像を形成したり修正したりすることとして解釈できる。特に構造を把握することは、学習した内容を他の場面に適応して考えること（アナロジー的思考）を可能にすることから、ブルーナーが重視する教科における構造は、言語の身体性を考えた時に浮かび上がるポイントである。

さらに、ブルーナーは、デューイによる生活教育の強調に対して、テクストの時代背景を考慮しつつも、注意を促す[20]。その上で、ブルーナーは、興味は作り出すことも、刺激して伸ばすこともできるのであり、教育においては、世界と自己をもっと深く、もっと核心に迫る態度で、もっときめ細かく理解する方法を学習者が獲得できるようにすることが重要であると考える[21]。教育言説においてしばしば生活経験と対置される科学的知識と、それにより構成された体系的な学問知は、一見すると客観的・静的なものに思われるが、それらは、知を創り出す主体が世界と対峙する中で、パロールという身体性を伴った具体的な実践によって創り出されたものである。学問知もまた、身体性を伴った言語により創り出されたものであり、われわれの具体的な経験や実践と分かちがたく結びついている。

ブルーナーにとっては、知を構成する主体である自己もまた、言語により構成される存在である。ブルーナーは基本的に、本質的な自己など存在しないという立場をとる[22]。知の構成の主体である学習者もまた、物語ること（ナラティヴ）により構成される存在なのであり、それは構成者自身によるだけでなく、社会的になされる営みである。ナラティヴとしての自己創造は、ラングの個人的写像の形成、変容として考えられる知の構成に、対象的な知のみならず、知を構成する主体そのものも含まれることを示している。学習は、学習者の興味や学習者を取り巻く生活環境、学習者が培ってきたこれまでの経験といった身体性を伴った様々な要素が複合的に絡み合った中で展開されるのであり、学習者主体と切り離すことができない。その際に重視されるナラティヴという行為は、構成者自身によってのみなされるのではなく、ラングとパロールの交差の場という他者も巻き込んだ社会性のもとに行われるのである。

5.　木下竹次の学習論の再検討―合科学習における言語と身体性―

本節では、木下の学習論のうち、特に合科学習に着目して検討していく。木下の合科学習は、学習者の生活向上そのものに目的が置かれていることから[23]、吉田敦彦らが主導するホリスティック教育や、プラグマティックな生命観のもとに教育論を展開したデューイの学習論と繋がる特徴を有している。

こうした木下の合科学習の思想には、デューイの学習論を取り上げた際に見られたように、パロールという身体的で具体的な実践への着目がある。学問体系を教科として分割し、それを体系的かつ計画的に教授することは、ラングという価値の体系そのものを学習者にそのままの形で呈示することであり、生活の中で現われるしかないパロールへ眼差しを向けないことになる。そのことは結果として、知を構成の主体から切り離すことになり、学習者が自らのラングの個人的写像を形成、修正することを困難にする。そのため、木下が合科学習という思想を呈示した背景には、構成の主体と知の結びつきを回復させる目的があったのだと思われる。木下が学習者の生活を発展させていくことを学習の目的に据えていることは、学習者が人格の完成といった外的で客観的な形而上学的到達点に向かうといった在り方ではなく、言語によるラングの個人的写像を形成、修正することとそれによって世界の分節の仕方を変容させていくといったプラグマティックな在り方を求めていたことの表れであると考えられるのである。

6.　おわりに

言語と身体性という観点から四つの教育言説を再検討した結果、社会的構成主義の学習論において、拡張された言語概念、生活経験と学問知を構成する科学知の関係、知を構成する主体への眼差し、ラングの個人的写像が形成されるパロールの場、の四点に着目する重要性が示された。

このことを踏まえると、社会的構成主義の学習論としての知識創造型モデルに基づく実践のあり方として、以下の五点が呈示できる。

(1) 統合的・教科横断的な教育課程の設計。社会的構成主義の学習論における言語は、ランガージュを見据えた概念として捉えることが可能であるため、教育実践における知の社会的構成は、言語記号の使用を中心とした言語活動や話し合い活動に限定するのではなく、絵や図、音やリズム、からだの動きなどを学びの媒介物へと拡張することが求められる。このことは、社会的構成主義の学習論が必然的に教科により分断されないカリキュラムを要請することを示している。

(2) 多元的アプローチが可能な課題（問い）の設定。統合的・教科横断的な教育課程を設計するためには、複数のアプローチで問題を探究することができるような問いを設定することが重要である。そのためには、教科における構造を抽出した上で、トピック中心型、螺旋型カリキュラムを設計することが求められる。ラングの個人的写像は、既存の知と新たな知が結びつけられることによって構成されるのであり、トピック中心型、螺旋型カリキュラムは、この構成を促すことに繋がると考えられる。

(3) 体験学習と系統的学習との円循環の形成。学習において身体的活動は重要であるが、子どもたちが言語を用いて自らの活動を自覚し、経験を構成すること、言語により構成された書物などを用いて、経験を解釈・拡張していくことがより重要である。学習者の生活経験（パロール）は学問世界（ラング）と架橋されなければならないため、学習者の世界を拡大していくために積極的な教授や介入を行うことが教師には求められる。

(4) 多様性を有する学習共同体の形成。多様性を有する集団は、パロールという実践がラングという文化的制度を組み替えていくという言語の特性と深く結びつくため、学習においては重要である。異学年集団と単学年集団の併用、多様な大人と関わる機会の設定、オンラインの活用による専門家との交流機会の設定などが具体的な方策となり得るだろう。

(5) 言語を用いた自己の創造。知を構成する主体である自己もまた、構成されるものであるため、知識の学習の中で、自己に関する語り・ナラティヴ（パロール）を導入していくことが求められる。その際の言語は、制度化されたラングに限定されることはない。

附記

本文中にも記載したが、本稿は、筆者が2021年1月に広島大学大学院教育学研究科に提出した学位請求論文「社会的構成主義の学習論における言語と身体性についての教育学的研究」の要約である。論文とともに提出した「学位論文要旨」に加筆修正したものである。

《注》

1）関田一彦「アクティブラーニングとしての協同学習の研究」『教育心理学年報』第56巻、2017年、158-164頁。広石英記「ワークショップの学び論―社会構成主義からみた参加型学習の持つ意義―」『教育方法学研究』第31巻、2005年、1-11頁。

2）三宅なほみほか（編著）『協調学習とは：対話を通して理解を深めるアクティブラーニング型授業』北大路書房、2016年。合田哲雄ほか「特別座談会　アクティブ・ラーニングと学校教育の未来（総力大特集「主体的・協働的な学び」をどう実現するか？次期学習指導要領のキーワード　アクティブ・ラーニングの焦点）『総合教育技術』第70巻第9号、2015年、10-15頁。

3）赤坂真二（編）『THE 協同学習』明治図書出版、2014年、6頁。実践報告の中にも、協同学習が形骸化している実態を見ることができる。例えば、西中克之「研究ノート　話し合いの機会が及ぼす児童の授業に対する主体性の比較―協同学習の手法を用いた実践比較を通じて―」

（『創大教育研究』第 20 号、2011 年、185-195 頁）では、一時間の授業の中で各自の考えを、グループの他のメンバーに伝える時間を単に 5 〜 7 分設けた実践を協同学習と呼んでいる。

4）構成主義や社会的構成主義の系譜に関する研究は、他にも以下のような論文が挙げられる。中村恵子「教育における構成主義」『現代社会文化研究』第 21 号、2001 年、283-297 頁。同「構成主義における学びの理論－心理学的構成主義と社会的構成主義を比較して」『新潟青陵大学紀要』第 7 号、2007 年、167-176 頁。

5）古屋恵太「「自然な学び」の論理から「道具主義」は離脱できるか？―現代社会的構成主義への進歩主義教育の遺産―」『近代教育フォーラム』第 14 号、2005 年、85-86 頁。

6）古屋恵太「文化、道具箱、及び媒介された行為―言語論的転回を拒否するプラグマティズム」『近代教育フォーラム』第 10 号、2001 年、208 頁。

7）合田ほか、前掲論文、11 頁。

8）丸山ソシュール論の用語は、須谷弥生・樋口聡「協同学習の理論的基盤としての社会的構成主義についての一考察―特に言語の問題に着目して―」『学習開発学研究』第 11 号、2018 年、125-134 頁、で説明している。

ソシュールはフロイトやニーチェやマルクスと同様に、一つの学（とりわけソシュールの場合は言語学）の転換を引き起こした研究者として知られており、その理論は他の言語論に類を見ないラディカルなものである。本稿がソシュールの『一般言語学講義』（*Cours de linguistique générale*）ではなく丸山圭三郎による解釈を参照するのには、二重に存在する「ソシュール問題」を回避するという意味がある。その問題とは第一に、『一般言語学講義』がソシュール自身による著作ではなく、弟子のセシュエとバイイにより編纂されたものであるという点にある。『一般言語学講義』は 1907 〜 1911 年の間にソシュールによってジュネーヴ大学で行われた三回の講義をもとにつくられているが、編纂したセシュエとバイイは実際の講義に参加しておらず、『一般言語学講義』の内容が、1950 年代に相次いで発見されたソシュールの手稿や聴講生のノートの内容などと一致していない点が多数見つかったのである。すなわち『一般言語学講義』の内容は、ソシュール自身の思想とは異なる点を含むものなのである。第二に、小林英夫による邦訳の問題がある。小林の翻訳は、ソシュールの初期構造言語学の限界内で行われたものであり、「ラング」を形式的な実体概念に引き下ろした点に、小林訳の問題点がある。この小林訳をもとに、時枝・服部論争が展開することとなる。本稿は、こうしたソシュール解釈そのものの問題には深入りせず、丸山の解釈に依拠する立場をとりながら考察を展開していく。ソシュール理論の解釈をめぐる問題についての詳細は、丸山圭三郎（編）『ソシュール小事典』大修館書店、1985 年を参照されたい。また、日本の国語教育におけるソシュール言語学の受容に対する批判的検討は、今井康雄『メディアの教育学―「教育」の再定義のために』（東京大学出版会、2004 年）や樋口聡「感性教育論の展開（1）―言葉の教育を考える」（『広島大学大学院教育学研究科紀要　第一部（学習開発関連領域）』第 67 号、2018 年、9-18 頁）などで既になされている。

9）本節の一部は、須谷弥生「社会的構成主義としてのデューイ学習論の再検討：言語の観点から」『教育学研究（広島大学大学院人間社会科学研究科紀要）』第 1 号、2020 年、314-323 頁に掲載された内容である。

10）デューイ，J.（河村望訳）『学校と社会』人間の科学社、2000 年、78 頁。（Dewey, J. *The School and Society: The Middle Works Volume 1: 1899-1901*, Carbondale and Edwardsville: Southern Illinois University Press, 1976, p.59.）

11）同書、48 頁。（*Ibid*, p.34.）

12）同書、78 頁。（*Ibid*, p.59.）

13）同書、101 頁。（*Ibid*, p.77.）

14）森久佳「デューイ・スクール（Dewey School）における「読み方（Reading）」・「書き方（Writing）」のカリキュラムに関する一考察―1898 〜 99 年における子どもの成長に応じたカリキュラム構成の形態に着目して―」『教育方法学研究』第 31 巻、2005 年、86-88 頁。

15）デューイ, J.（河村望訳）『民主主義と教育』人間の科学社、2000 年、195、307-308 頁。（Dewey, J. *Democracy and Education: An Introduction to the Philosophy of Education*, Macmillan Company, 1916, pp.144-145, 232.）デューイ, J.（植田清次訳）『思考の方法―いかにわれわれは思考するか』春秋社、1955 年、234-235 頁。（Dewey, J. *How We Think: The Later Works Volume 8: 1933*, Carbondale and Edwardsville: Southern Illinois University Press, 1986, pp.301-302.）

16）中村和夫『ヴィゴーツキー理論の神髄：なぜ文化―歴史的理論なのか』福村出版、2014 年、30 頁。

17）柴田義松「訳者注解」ヴィゴツキー，L.S.（柴田義松訳）『新訳版　思考と言語』新読書社、2001 年、446 頁。

18）ヴィゴツキー（柴田義松監訳）『文化的－歴史的精神発達の理論』学文社、2005 年、230-232 頁。

19）ブルーナー, J.S.（鈴木祥蔵・佐藤三郎）『教育の過程』岩波書店、1963 年、12、25 頁。（Bruner, J. S. *The Process of Education*, Harvard University Press, 1960, p.9,20.）ブルーナー , J. S.（橋爪貞雄訳）『直観・創造・学習』黎明書房、1969 年、130 頁。（Bruner, J. S. *On Knowing: essays for the left hand*, Harvard University Press, 1962, p.82.）

20）ブルーナー『直観・創造・学習』、前掲書、178-179 頁。（Bruner, *On Knowing, op.cit.*, p.115.）

21）同書、182-183 頁。（*Ibid*, pp.117-118.）

22）ブルーナー，J. S.（岡本夏木ほか訳）『ストーリーの心理学：法・文学・生をむすぶ』ミネルヴァ書 房、2007 年、86-87 頁。（Bruner, J. S. *Making Stories: Law, Literature, Life*, Harvard University Press, 2002, p.64.）

23）木下竹次『学習諸問題の解決』東洋図書、1927 年、232-233 頁。木下竹次『学習各論（上）』玉川大学出版部、1972 年、179 頁。

第八章

『若きロビンソン』における身体性

山内規嗣

2001年に広島大学大学院教育学研究科学習開発学講座の一員として加わって以来、樋口聡教授とは学部授業「教育の思想と原理」を共同で担当させていただき、またすぐお隣りの研究室にお邪魔するなどして、謦咳に接する機会に浴してきた。その学恩に厚く感謝申し上げるともに、教授の深甚な学識に触れながらその一片でも我が身に沁みこませることができたのかと、甚だ反省する次第である。ご研究のテーマとして掲げられている例えば身体性という問題について、私自身の研究に引き寄せて考えてみることから、まずは一歩を始めてみたい。

樋口教授の著書『身体教育の思想』(2005年)では、シュスターマンの身体感性論(理論と実践を包摂する「論」としての)についての検討に基づき、身体感性論がもたらす可能性のひとつとして、「精神と身体という二元論的図式の再検討」が挙げられている。この再検討は、現代日本の学校教育の枠組みに対するものでもある。「暗黙的・潜在的に精神と身体の二分法を下敷きにしている学校文化を批判し、身体教育の視点から人間の生き方(=学び)を問題にする手がかりを与えることにもなるだろう。知識の教科と考えられているものと、技能の教科と考えられているものが、身体感性論の視点のもとで実践的に融合する可能性があるのである。」[1)]

ここには「学び」ということばが登場しているように、身体教育の視点からの学習論的な人間の捉え直しが、学校教育の再構成の基盤として提起されていると考えられる。この「人間の生き方(=学び)」を問題化した教育思想家としてはただちにルソーの名が想起されるが、彼の『エミール』をドイツ語に翻訳した教育者集団である汎愛派の中心人物の一人であり、また『エミール』の中で特別な位置づけを与えられているデフォーの作品を子ども向けに教育的に翻案したのが、私の研究対象であるカンペ（Campe, Joachim Heinrich 1746-1818）である。

カンペが子どもの身体教育を知的・道徳的教育とともに重視していたことは、彼の出世作である児童・青少年文学作品の宣伝も兼ねたパンフレット『教育的観点における感受性と感傷』（1779 年）の叙述にも確認できるが[2)]、当の作品である『若きロビンソン』（Robinson der Jüngere, Hamburg, 1779-80 年）の中では、身体教育がそのものとして直接的に取り上げられているわけではない。この作品はデフォーの原作の子ども向け翻案であるが、最も大きな特徴は、作品に登場する父親が子どもたちにロビンソンの漂流譚を語り聞かせ、この作中作品の展開とロビンソンの言動・心情について父親が子どもたちと対話するという、二重構成を用いた点にある。漂流者ロビンソンは原作での年齢よりも若く改められ、性格も未熟なものへと変更される。この若者が遭難先の島での孤独なサバイバル生活を余儀なくされたとき、彼はそこで日々の過失や将来への不安に苛まされつつ、それらの危機を信仰と実学的判断によって乗り越えていく。そこで長い年月をかけて鍛錬されていくのは、ルソー主義的な意味での一人の人間であるとともに、自らが「神の摂理」のもとにあるとの信仰を不動のものにしゆく一人のキリスト者であり、しかしまた同時に、勤勉・節制といった徳を我がものとした一人の有為な市民にほかならなかった。この未熟な若者の成長物語を語り聞かされる作中の子どもたちは、当初のロビンソンの軽率な過ちを批判し、その不幸な境遇に同情し、やがては彼の成長と信仰と合理的判断と実践的営為に同意と好意と称賛を向けていく。そして、その過程を通じて、子どもたちはその本性としての模倣衝動によってロビンソンの行為を真似て実践しようとし、自分たちもまたこの近代的な個人たらんと欲するのである。[3)]

ではこの作品の中で、ロビンソンや子どもたちの身体はどのように位置づけられているのだろうか。まずロビンソンについて見れば、彼は道具を何も持たずに着の身着のままで、ただし無傷で島に流れ着く。二元論的図式に沿えば、まさに身体が彼の唯一の道具であり、これを用いて生きるためのあらゆる試みを実践していく。しかし、その日々の実践を通じて、ロビンソンの身体能力がそれ自体として向上していくという描写はほとんど見当たらない。例えばロビンソンは、木登りや岩登りなどの都市生活で馴染みのなさそうな行為に苦労を重ねてその技能を獲得するのではなく、最初から問題なくやり遂げている。水泳にも遭難前から習熟しており[4]、地下道を掘ることもしてのける[5]。作品全体として、ロビンソンの身体はまさに第一の道具として、彼が理性的に判断するとおりに滞りなく動く。そうでない場面では、飢え渇きや暑熱・痛みなどの身体感覚を通じて、彼の心が不安や苦悩を抱くことになるが、これらは敬神に基づく生の意志と理性的判断によってやがて抑制され、実践的行為によって解消されていく。総じてロビンソンの身体は、それと意識されないかたちで彼そのものとして描かれる。

もちろんこれは二元論的な身体観を否定するものではなく、身体的感覚に由来する負の感情や衝動の影響を精神によって抑制しつつ、精神が目的合理的で市民的徳と一致する実践的行為のために身体を完全なる道具として用いるという、精神優位のもとに置かれた二元論的な身体の位置づけをはっきりと示している。そのうえで、ロビンソンの身体における能力の向上は、筋力や敏捷性といったもののそれとして描写されるのではなく、また新たな技能の獲得として描かれるのでもなく、道具の製作による身体の延長の獲得として表現されていくのである。例えば岩塊を動かすことが自らの身体的な「力をはるかに上回る」と認識したとき、彼は梃子の原理を思い出してその活用に至る[6]。そのような道具の製作が可能になる場合ばかりではなく、むしろ衣食住にかかわる物資の生産でも、脱出するための船の製作でも、「いつも作りたいと思うものを完成させるためには道具が、必要な知識が欠けていた」[7]。そしてその知識や道具の不足を、ロビンソンの身体が補うことはない。船作りに必要な1本の木の切り出しのために同じ作業を「丸三年」にわたって繰り返しても[8]、彼の身体能力の向上、つまり筋力や作業についての身体的知の獲得によって、わずかでも効率化を果たせたという記述は伴われていない。また、健康への配慮はともかくも、身体的能力を意図的に向上させようとする描写も、ほとんど確認することができない。そして、病気や怪我といった事態を除いては、ロビンソンが自らの身体の変化やままならなさから何かを学び取る姿も、おおよそ見出せない。それは、ほとんど身体のみをもって漂着した人間の、しかも親に溺愛されて育った若者の描写としては、やや一面的にすぎるようにも感じられる。総じてロビンソンの身体は、彼の精神の命じるものを実行するためにたゆまず働くが、身体そのものの変化や成長によってその精神に新たな可能性への気づきを与えることは、作品を通じて明瞭に描かれることがないのである。

もっとも、これは著者であるカンペと語り手である父親の教育的意図にとって不都合な身体性を覆い隠した結果であるとも考えられる。そこでロビンソンが体得し、その姿を通じて聞き手である（作中の、そして現実の）子どもたちに伝えられるべき主要なメッセージのひとつは、勤勉と忍耐の励行であった。「たゆまない勤勉、熟慮の継続、持続する気力がすでに、昔は不可能と思われた多くのことを実現している。」[9]「忍耐と勤勉を十分に用いさえすれば、最後には何が成功しないことがあろうか。」[10] 繰り返し語られるこれらの言葉からは、「神の摂理」への信仰のもとで理性的判断に自らの身を委ね続けることが精神と身体の望ましい関係であることを、読み取ることができる。そして、その勤勉を可能にするものは、第 4 版の原文では隔字体で強調されている「秩序と一日の時間の規則的配分」にほかならない [11]。ここで身体は合理主義的精神が認識し計画する規則性のもとに置かれ、その命令によって沈黙のうちに行為を反復することになる。カンペが父親の口を借りて、人間に可能な事業については勤勉と忍耐をもって意欲し行為し続けさえすれば実現できる、と断言する。「そうすれば頭と勤勉にとって難しすぎるものなんてない。優しい創造主がわたしたちに与えてくださった力はそれほど大きく、多面的なのだよ。」[12] このとき、神が人間に授けたとされる力のなかで、身体的知の占める場所は「頭（Verstand）と勤勉」に比べてきわめて不明瞭なものと感じられる。ロビンソンの身体はこの孤島という自然状態のなかで精神に一方的に服従しつつ、やがてフライタークなどとの出会いを経て、勤勉のみならず人間愛などの「習慣的な徳」を獲得するに至り、その結果として故郷への帰還後にも「平和に、健康に」、つまり身体的健康とともに精神と身体の望ましい関係の維持という意味でも健康に、生きていくための術を得るのである [13]。

このようなロビンソンの物語は、つまるところ市民的有徳者の自己形成の過程、賢慮の獲得の過程にほかならず、身体性はこの目的のために背後に退けられている。そしてこの市民的徳をめぐっては、フェルティヒが指摘するように、カンペにおける「封建的生活世界に対する正面的抵抗が、人間を人間にする教育への要求をもたらした」と同時に、そのルソー主義的な自由な教育への要求が、「市民的自己意識」のもとで呼び起こされた「人間を市民にする教育への要求」によって上書きされていくという一見矛盾した過程が、表裏一体のものとして看取されるのである [14]。この人間への教育と市民への教育の二律背反的な過程を可能にしているもののひとつが、身体性の後退ということになるだろう。

このことをカンペ教育思想における、あるいは汎愛派を含むドイツ啓蒙主義教育思想における思想史的問題として捉える一方で、身体とその教育に関わる理論・実践についての一般的問題として捉えるならば、私たちもまた、現代社会によって規定され規律化される人間のあり方を、身体を手がかりとして批判的に乗り越えていこうとしながらも、それと同時に、別の何らかの社会的自己規定のもとで、再び身体性を二元論的にあるいは他のかたちで抑圧してしまうという危うさを、指摘するものと考えることができるかもしれない。そしてこの問題についての指摘はすでに『身体教育の思想』において、「精神と身体を一体化させ、両者の調和を価値と捉えてしまう見方の系譜学的批判」をも視野に収めるという叙述のなかで、現代日本における身体性についての思考の陥穽に対する警告として、あらかじめ示されていたものでもあった[15)]。

さて、ロビンソンの身体についてはこのようにドイツ啓蒙主義教育思想の傾向と問題を示すものとして再確認されるとして、子どもたちの身体についてはどのように描かれているのだろうか。子どもたちのモデルは、ハンブルクでカンペが開いた「家庭学校」に通う市民の子弟 (カンペ自身の娘も含む) であり、そこでの経験をもとに子どもたちの言動を活き活きと描写しているとされる。その子どもたちのロビンソンに対する好悪や同情・共感、親愛といった感情を手がかりとして、漂流者の生きる努力のさまが自然状態における人間の敬神のありようを示すものとして受容され、そして同時に市民としての自己形成の過程として共有されていく。そのさい、ロビンソンの身体的な変化・成長は話題の対象とならず、やはり彼の理性的判断やそれに基づく生活の合理的・計画的改善、そして意識的な市民的徳の形成などが子どもの注目するところとなる。例えば、ロビンソンが身体を用いて身体の延長として作り出した編み籠などの道具を、子どもたちは自分たちも作りたいとせがむだけでなく、ロビンソンが自らを戒めて勤勉と敬神の道に立ち戻るために行った断食や不寝番をも、積極的に模倣しようとする[16)]。作中の子どもたちがたびたび発揮する子どもの本性としての模倣衝動が、過去の生活を通じてすでに形成されている労働の習慣などと結びつきながら、カンペと作中の父親が目指す市民的徳の形成に向けて機能していく。そのさい子どもたちの身体も、基本的にロビンソンの身体と同じく、子どもたち自身の精神によって（それは父親が体現する理性のありようを内面化しゆくものにほかならない）、第一の道具として使用されることになる。そして、ここでも身体はおおむね、精神の命令を実行し、その予想した通りの結果を導き出す役割を担うにとどまり続けるのである。この意味で、子どもたちの身体もロビンソンの鏡映しとして、同様の問題の制約内に収まっていると言わざるを得ないだろうか。

作中の叙述に拠れば、そのような結論になるだろう。しかし、この作品の本来の意図と使用法からすれば、そうではないとも考えられる。『若きロビンソン』の前書きにおいてカンペは本書の執筆意図をいくつか挙げているが、その一つの中で、「本書は子どもを愛する大人が子どもに読んでやるためのもの」と述べて、子どもが自ら読むように構成されたものではないことを明言している[17)]。そして、この大人が子どもに読んでやるという言葉の意味は、たんに親や教師がロビンソンの物語と作中の父子たちの対話を読み聞かせるということでは、おそらくない。そのことは、この児童・青少年文学作品とほぼ同時期にカンペが執筆し、同じような父子たちの対話によって（そしてロビンソンのような作中作品なしに対話のみで）構成された『子どものための小心理学』(Kleine Seelenlehre für Kinder, 1780 年）の序文で、次のように述べられていることからうかがえる。カンペによれば、この著作は、「本格的な読本」と「概説書や教本」の「中間にあるべきもの」であった。つまり、この著作を使用しようとする教師に対して、「教授時間の前にこの対話の全体を自分でよく理解しておき、そのうえで子どもたちをこの対話のなかで展開される概念へと同じような、あるいは似通ったやり方で導く」ことを求めていた。最終的には対話の叙述を子ども自身に読ませるとしても、まずその前に、教師が叙述内容をモデルにしながら子どもたちに自らの言葉で対話し、子どもたちの関心や発言を引き出すことを、カンペは本来の使用法として期待していたのである[18)]。

そのような使用法を前提としたとき、現実にロビンソンの物語を語り聞かされる子どもたちの反応は、作中の子どもたちのそれを一つの想定モデルとしながらも、当然多様であり得る。子どもたちが共通に発揮するであろう模倣衝動にしても、カンペや作中の父親や現実の親・教師が予想しない事柄に向けてなされることも想像できる。つまるところ、市民的徳の形成には直接的に結びつかない方向へと進む可能性さえあり得るかもしれない。そのように想像させる手がかりは、作中の子どもの一人がロビンソンの一張羅を洗濯する姿の真似をして、着替えのためのシャツを風呂場で洗ってしまう場面にある[19)]。そこでは、他の子どもや母親が慌てて対応する姿や、当事者である子どもとの軽口によるやりとりなども、あわせて描かれている。これはもちろん模倣衝動による行為の枠内にあるとはいえ、作中の子どもたちが示した一種の逸脱、あるいはカンペや作中の父親が意図的に用意した模倣対象とその模倣を通じて獲得される市民的徳の形成へのすじみちを離れた、いわば遊戯的な行為としての一幕とも捉えられる。この遊戯的な行為は、作中の子どもたちの言動のなかでは例外的なものと見なせるが、その場面をあえてカンペが挿入したという点に、ただ読み物としての面白さを確保しようとしただけでなく、現実の子どもたちがロビンソンの物語に触発されて示すであろう多様な遊戯的な行為の可能性を、ここで読み手としての親・教師に一例をもって提示しているのだと考えることができないだろうか。作品の登場人物からは後退させられていた身体性は、物語を現実に語り聞かせられ、その展開に敏感に反応し遊戯的な自己活動に向かう現実の子どもたちによって、あらためて担われる。換言すれば、この作品に耳を傾け、ロビンソンの物語に感情移入しながら自分自身の子どもらしい生き方を重ね合わせていく現実の子どもたちという存在をもって、初めてこの作品は身体性をも一定程度視野に収めた教育的著作として、完成するのである。

もっとも、この想定を検証するためには、作品を用いた教育的実践場面を確認することが必要となる。これは教育思想史研究の範囲を超え出てしまうことではあるが、カンペの児童・青少年文学作品が一方的に子どもに与えられる硬直化した教材ではなく、大人と子どもの間に介在して両者の対話を引き出し、子どもの身体をそこで活き活きとしたものに向かわせていくことで、作品の内容そのものもそのつど多様に変化していくべき素材にほかならないということに、そして実践を包摂する「人間の生き方（＝学び）」の理論の重要性に、ここであらためて気づかされるのである。

《注》

1）　樋口聡『身体教育の思想』、勁草書房、2005 年、162 頁。

2）　Campe, J. H., Über Empfindsamkeit und Empfindelei in pädagogischer Hinsicht, Hamburg, 1779, SS.28-29.

3）　以上の概略については、山内規嗣『J.H. カンペ教育思想の研究　ドイツ啓蒙主義における心の教育』、ミネルヴァ書房、2010 年、pp.149-151.

4）　Campe, J.H., Robinson der Jüngere. Ein Lesebuch für Kinder zur allgemeinen Schul-encyclopädie gehörig, Vierte rechtmässige Auflage, Braunschweig, 1789, S.123. ヨアヒム・ハインリヒ・カンペ『新ロビンソン物語』田尻三千夫訳、鳥影社、2006 年、131 頁。

5）　Campe, ebd., S.244. 田尻同上訳書、243 頁。

6）　Campe, ebd., SS.164-165. 田尻同上訳書、170 頁。

7）　Campe, ebd., S.188. 田尻同上訳書、190 頁。

8）　Campe, ebd., S.228. 田尻同上訳書、229 頁。

9）　Campe, ebd., S.118. 田尻同上訳書、127 頁。

10）Campe, ebd., S.193. 田尻同上訳書、195 頁。

11）Campe, ebd., S.221. 田尻同上訳書、223 頁。

12）Campe, ebd., S.118. 田尻同上訳書、127 頁。

13）Campe, ebd., S.472. 田尻同上訳書、441 頁。
14）Fertig, L., Campes polotische Erziehung, Darmstadt, 1977, SS.201-202.
15）樋口前掲書、162 頁。
16）Campe, Robinson der Jüngere, 1789, S.296ff. 田尻前掲訳書、278 頁以下。
17）Campe, ebd., S.VI. 田尻同上訳書、7 頁。
18）Campe, J. H., Kleine Seelenlehre für Kinder, Braunschweig, 1780, S.14.
19）Campe, Robinson der Jüngere, 1789, S.130. 田尻前掲訳書、138 頁。

第九章

美しい教え方について

―教えることの感性論的注釈、あるいは教育実践の日常美学に向けて―

丸山恭司

はじめに

教える営み teaching は美学の対象となりうるだろうか。美しい教え方とはどのようなことを言うのか。

「教えること teaching」は教育学において重要なテーマとして扱われてきた。「教え」概念の分析、教授法の開発、教職のあり方など、関連テーマは多岐にわたり膨大な研究成果が積み上げられている。最近ではガート・ビースタの『教えることの再発見』が翻訳出版され、日本でも注目された。彼は、「教育から学習への転換」が当然視されるなか、教わることによってこそ学習者の主体化が可能となるとの代案を提示し、教えることの意義を再定義している。

本稿では、「教えること」の理解を深めるために、感性論的 aesthetic 接近を試みる。教えることへの技術合理主義的関心が先行するあまり、その感性論的特性が十分に顧慮されない現状を問題視するからである。「教えることの技芸 the art of teaching」という言い回しがあるように、そもそも「教えること」とアートには高い親和性がある。にもかかわらず、エビデンスが絶えず求められる昨今では、教えることの科学的な解明 the science of teaching にばかり注意が向かいがちである。

もちろん、美学的 aesthetic 関心から行われた教育学研究は少なからず存在する。美的内容の教授（芸術教育 aesthetic education など）や「芸術 art を通しての教育・人間形成」として一定の成果が蓄積されている。その一方で、教えることそれ自体の感性論的な解明 the aesthetics of teaching はほとんど試みられてこなかった。それは、美学が芸術作品の鑑賞を中心に構成されてきたことに起因しよう。ところが、2000年頃より芸術活動に限定されない感性論が登場する。この感性論的転回を方向付けたのがリチャード・シュスターマンの身体感性論であり、さらにこれを心身文化学習論として発展させたのが樋口聡であった。

本稿では、感性論的転回の一つの方向である日常美学に着目する。日常美学は、日常生活のなかで生じる感性的経験に光を当てる美学の一分野であり、日常美学を参照枠とした教育研究も現れ始めている（Marini 2021）。以下では、日常美学を手掛かりに、教えることの感性論的注釈を試みる。

まず、教えることを感性論的に解明するにあたり、解明に用いる語それ自体がはらむ問題を整理する。次に、「教える」の概念的前提と現行の用法の文化的特徴を明示する。これらを踏まえ、日常美学の出来経緯と方法を概観して、教えることの感性論的特性が日常美学によってどのように解明されるのかを示す。

1.　用語に関わる問題の整理：教えること teaching、アート art、感性論的 aesthetic

教えることを感性論的に解明する際には、これに伴う用語上の問題を踏まえておく必要がある。ここで用いられる三つのキーワード、すなわち、「教えること teaching」「アート art」「感性論的 aesthetic」のいずれもが多様な用法を許すものであるため、多方面に広がる豊かな議論が期待できる一方、容易に混乱を生じさせてしまう危険性がある。また、西洋の学問の枠内で研究を日本語で行うとき、言語的文化的共約不可能性が一貫した考察を妨げてしまうことがある。概念それ自体は使用言語に左右されるものではないが、概念を指示する語の用法は使用される言語や状況に依存する。本論考の出発点として、英語で論じられてきた三つの概念が、日本語でどのように表現されうるのかを整理しておこう。

まず、英語の “teaching” は、日本語で様々に訳し分けられる。「教育」「教え」「教授」「教えること」「教職」「教義」など、teaching が網羅する範囲は極めて広い。また、一回切りの行為を指すこともあれば、教わる内容（「ブッダの教え」など）を指すことも、継続的な活動を意味することも、制度を意味することもある。どの日本語で理解するかは、teaching がどのような文脈において使われているかを踏まえる必要があり、さらには、どの日本語でも十分には言い当てられない場合もありうる。同じ「教育」という日本語に訳される語に“education”があるが、teachingとeducationは入れ替えることができない場合も多い。またteachingはlearningの対語として理解されている点も特徴的である。

次の“art”も様々に訳し分けられている。「わざ」「芸」「技能」「技芸」「芸術」「美術」「仕方」「人文学」など“art”が網羅する範囲は広い。意味するところも、様式であったり、ジャンルであったり、分野であったりする。さらに、artは、芸術であれ、人文学であれ、scienceとの対比において理解されることも多い。

最後の“aesthetic”は、網羅範囲はさほど広くはないけれども、観点の違いを反映した訳語がいくつも用意されている。「美的」「美学的」「唯美的」「審美的」「感性的」「感性論的」「芸術的」「芸術論的」などである。対象レベルなのか議論（メタ）レベルなのか、芸術性を強調するのか、アイステーシスの伝統に則って感受性を強調するのかに関わって、訳し分けられる。

三つのキーワードはいずれも、話し手（書き手）の観点と使用する文脈（前提）によって意味が異なってくる多義的な語である。個々の意味は家族類似的につながっているのであって、どの用法にも共通する本質的な意味を求めようとするとき混乱が生じることになる。

2.「教える」の概念的前提と文化的社会的条件

「教えること」とは何か。この多義的な語を文脈に応じて使い分けることができている点で、私たちはそれが何であるかを知っていると言える。一方、その理論的説明をめぐっては研究者によって解釈が異なり論争が重ねられてきた。その意味では、いまだ私たちは「教えること」が何であるのかを十分に説明することができていない。「教えること」は生の事実brute factsではなく、「教えること」として見る私たちの見方が前提となっている。ここでは、「教える」という動詞の概念的前提に絞り、次の三点を確認しておきたい。

まず一点目の前提は、私たちがある行為を「教える」こととして捉えるとき、教える者、教わる者、教える内容の三者、すなわち、主体、相手、客体の三者の存在を必然的に想定していることである。これは、「歩く」ことが主体（歩く者）のみを想定し、「食べる」ことが主体（食べる者）と客体（食べる内容）を必然的に想定するのと対比的である。主体のみを必須とする動詞には、泣く、寝る、止まる、成長する、などがある。主体と客体を必須とする動詞には、削る、変える、離す、経験する、などがある。教えると同様に主体と相手と客体を必須とする動詞には、売る、伝える、治療する、などがある。「教える」は、相手、すなわち、他者の存在を前提としているのである。

次に二点目として、「教える」という動詞は課題語としても達成語としても使われうることである[1]。課題語は「探す seek」のように何かを成し遂げようと試みる行為を指し、達成語は「見つける find」のように成し遂げられた行為を指す。誰も買わなければ売ったことにはならないように、誰も学ばなければ教えたことにはならない、との主張がある。これは、「教える」に「学ぶ」が概念的に含まれるという考えであり、独りよがりの教え方を懸念し、学習成果を重視するよう警告する意味があった。この主張に対し、「教える」は課題語であり、対応する達成語として「学ぶ」が想定されるのであって、「教える」と「学ぶ」は独立した概念だとする反論が提出された。しかしながら、実際のところ、課題語として「教えたけど、生徒は学ばなかった」と言うことも、達成語として「教えたので、生徒は学べた」と言うことも可能である。むしろ、学習の成立の有無にかかわらず「教えた」と言いうる条件を明らかにしていくことがより重要であろう。教師がいくら最善を尽くしても子どもが学んでくれない事態は生じうる。教育が失敗であったと判断されたとき、失敗の要因のみならず、「それでも教師は責務を果たした」と言いうる条件についても精査されるべきである。

最後に三点目として、「教える」は評価語としての特性を強く持つ点である。「教える」こととして一義的に還元可能な特定の行動・行為があるわけではない。教えているひとが実際に行っているのは、話すだったり、文字を書くだったりする。そうした行動が、質問している、板書している、説明している、宿題を出している、と見なされ、さらに教えていると見なされる。ある行動や行為（の束）を教えていることと見なし得るためには、そのような判断評価を可能とする前提が満たされていなくてはならない。例えば、ある内容をまだ習得していない者がおり、その未習得者に働きかけていることが概念上想定されていなければならない。そして、さらに、そうした概念的要件を文化的社会的条件が保証していることが多い。近代以降の教育の文化的社会的特徴は、教育制度が特定の人々を強制的に学校に集めて学習者に仕立て上げ、ある個人を教える者（教師）であると期待するよう仕向けていることである。こうした文化的社会的条件は特定の社会において見られるものであり、時代や場所が異なれば妥当しない。

ある営みが「教えること」と認識されるとき、以上のような概念的前提と文化的社会的条件が満たされている。では、そうした「教えること」にはどのような感性論的特性があるのだろうか。

3.　感性論的転回、日常美学、実践美学

「感性論的転回（エステティック・ターン）」とは、ヴォルフガング・ヴェルシュとシュスターマンによって先導された美学運動である[2)]。芸術作品ないし芸術活動との関わりのみを対象とするそれまでのエリート主義的な美学のあり方に異を唱え、芸術的とは捉えられてこなかった現象や事物や活動や習慣に感性的契機を見出し、美学の対象とする運動である。

この感性論的転回は、さらに二つの方向に展開する。一つは、生活スタイルや大衆文化など、これまで芸術のカテゴリに入れられてこなかったものに感性的契機を見出し、その審美化 aestheticization を徹底しようとする方向であり、身体感性論はこの流れに与する。もう一つは日常美学の方向であり、日常生活において感じる心地よさ、親しみやすさ、違和感、平凡さに光を当てる。日常美学は、一方で、1970 年代に始まる環境美学の影響を受けながら発展し、慣れ親しんだ景観、天候、雰囲気に感性的契機を見出し、他方で日常生活における家事（掃除、洗濯、調理）や日用品の使用に感性的契機を見出す。

日常美学は日々繰り返される実践のうちに美的経験を見出すが、それが必ずしも消極的な実践であることを意味しない。環境美学が環境保全運動と連動してきたように、日常美学は、例えば、環境問題への懸念からそれまでの生活に違和感を感じ、正義感や倫理感に従った生活改変を行うことも感性的契機によるものとして視野に入れるのである。

ここにおいて、「実践」の意味が拡大・変容していることに留意したい。伝統的な美学の枠組みの中では、芸術作品の制作活動のみが実践として扱われ、専ら作品を鑑賞する者が抱く美的経験が重要視された。しかし、今道友信は『美について考えるために』において「実践美学」を提唱し、「美の実践者の美学」の意義を論じている。彼は「美の実践者」を「どのような美であるにせよ、およそ美であれば、その実現に実践的にたずさわっている者」（今道（2011）、60 頁）と定義し、次のように続ける。

画家や詩人、（中略）美しい講義ができる教授もあらゆる清掃業者も、また

誰であろうと、何かを美しく飾ったり掃除をしたり、優雅に話したりというように、とにかく、美しい行為がなされたならば、それを行ったときのその者は、美の実践者である。（同上、60-61 頁）

ここでは、美しい作品を作り出す者のみならず、周辺環境を美しくする者も、さらには、美しい行為を為す者も美の実践者であると考えられている。今道が日常美学を念頭においていたかどうかは不明であるが、日常生活の日々の実践に美的・感性的契機のあることが認められている点で共通している。

4.　教えることの感性論的特性：教育実践の日常美学へ

日常美学は、教えることも実践として美学の対象となりうることを教えてくれている。では、美学は教えることにどのような感性論的特性を見出すのであろうか。

美に関わる教育については、既に芸術教育 aesthetic education として多くのことが語られている。ただ、そのほとんどは各種芸術の教育を対象とするもので、必ずしも感性論的な関心から論じられてはいない。こうした動向に対し、美的教育 aesthetic education として、子どもの美的経験に焦点を当てた教育学研究の伝統も存在する。古くはフリードリヒ・シラーに遡ることができ、ジョン・デューイによって焦点化された伝統であり、「感性教育」と呼びうる伝統である。米国のエリオット・アイスナーやマキシン・グリーン、ドイツのクラウス・モレンハウワーによって再焦点化された。ただそれでも、芸術活動との出会いによってもたらされる感性的経験が対象化されるのであって、必ずしも日常美学が言う意味での感性的経験に焦点を当てるものではなかった。また、学習者としての子どもの感性的経験が対象化されるのであって、教えることに伴う感性的経験は視野に入れてはこなかった。

一方、教えることの研究は、心理学等の科学的手法を用いた、学習効果を高める技術の開発として主に行われてきた。そのこと自体は問題ではないし、教える技術を学び始めた者にとって、そうした一般化された技術は大いに役立つことであろう。問題なのは、教えることは最も優れて技術工学的に解明できると考えることである。ドレイファスら（1987）が技能獲得の五段階を論じる際に指摘しているように、技能に長けた者ほど直観的に実践する。技術工学的アプローチによっては、「良き教え方 art of good teaching」の直観を正当に扱うことができないのである。

日常美学が教えてくれているのは、教える実践においても、心地よさ、親しみやすさ、違和感、平凡さ等の感性的経験が生じているということである。これが「良き教え方」を支える直観となっているとは言えないだろうか。そして、この「良き教え方」の感性は、実践者個人に特殊なものではなく、実践共同体において共有される「実践内善」（マッキンタイア（1993）、231 頁）であると考えられるのではないか。感性論的に言えば、この善は「実践内美」と呼ぶこともできるだろう。教職 teaching の実践共同体において、「良き教え方」は感性論的には「美しい教え方」として、また倫理的には「善き教え方」として感じ取られるのである。

こうした日常美学からの接近を経て、教えることの感性論的特性は「美しい教え方」に関わって次のように説明される。まず、教える行為はパフォーマンスであることを考えれば、「美しい教え方」は、教師の顔立ちや声や体型、身なり、所作の華麗さ、無駄のない動きをも要素として持ちうることは否定できない。主にそうした要素によって、カッコイイ教え方、素敵な教え方、魅力的な教え方、心地よい教え方に美しさが見出されるであろう。ただそうした外面的な美的要素だけではなく、場合によっては、愚直な教え方にすら美的契機を見出すことも可能である。立てられた目標を達成可能とする計画、学習者を確実に学ばせる問いや授業構成、学習者に寄り添おうとする倫理的態度等も美しさを感じる要素となりうるだろう。思い通りに授業ができたときや、学びに感動があるときは、その経験を美しいと感じるかもしれない。一方、独りよがりの教え方や、暴力や脅しや差別的発言のある教え方は多くの人が美しいとは感じないだろう。何を美しいと感じるかは、どの行動・行為を「教える」行為と見なすのかと同様に、文化的社会的に規定されて共有されている。そしてさらに、美しい教え方を自ら実行できるように修養することが教職の実践共同体において求められるのである。

おわりに

本稿では、日常美学の立ち位置から、教える営みは実践として美学の対象となることが示された。「美しい教え方」という表現は日本語表現として定着はしていないだろう。飽くまでこの表現が切り取ったのは、教えることに美的なるものを見出すために創られた操作的構成概念である。それでもいまや、教育実践の日常美学の観点からすれば、「美しい教え方」は、「良き教え方」であり、「善き教え方」でもあると言うことができる。

これまでの教育学において美学を援用した研究は主に教育内容としての芸術と被教育者の美的経験を対象とするものに限られていた。しかしながら、感性論的転回後の日常美学は教育実践もその対象とすることが可能であることを教えてくれている。本稿で試みられた教えることの感性論的解明は試論に留まり、これから緻密な考察が求められるべきものである。感性論的転回後の教育研究は始まったばかりである。

《註》

1）「教える」と「学ぶ」をめぐる研究者の論争は、「教え（ティーチング）の分析」（77 頁以降）として、ノディングス（2006）にまとめられている。

2）エステティック・ターンについては、外山（2020）を参照。

《文献》

青田麻未『環境を批評する：英米系環境美学の展開』春風社、2020 年。

ビースタ、ガート（上野正道他訳）『教えることの再発見』東京大学出版会、2018 年。

ドレイファス、ヒューバート、スチュアート・ドレイファス（椋田直子訳）『純粋人工知能批判』アスキー、1987 年。

Dunne, Joseph, “Arguing for Teaching as a Practice: a Reply to Alasdair MacIntyre,” *Journal of Philosophy of Education*, vol. 37, no. 2, 2003, pp.353-376.

Eisner, Elliot W., “The Art and Craft of Teaching,” *Educational Leadership*, vol. 40, no. 4, 1983, pp.4-13.

—, “Aesthetic Education,” Marvin C. Alkin (ed.), *Encyclopedia of Educational Research*, 6th Edition, vol. 1, Macmillan: New York, pp.39-42.

Green, Maxine, *Landscapes of Learning*, New York and London: Teachers College Press, 1978.

Hall, William, “The Aesthetics of Teaching,” *The South Pacific Journal of Teacher Education*, vol. 11, no. 1, 2006, pp.15-21.

Highet, Gilbert, *The Art of Teaching*, Vintage Books, 1950.

樋口聡「「身体感性論」という新しい哲学プロジェクトと教育」『教育学研究』第 87 巻第３号、2020 年、pp.63-71。

今道友信『美について考えるために』ピナケス出版、2011 年。

桂直美『芸術に根ざす授業構成論：デューイの芸術哲学に基づく理論と実践』東信堂、2020 年。

Kuisma, Oiva, Sanna Lehtinen and Harri Mäcklin (eds.), *Paths from the Philosophy of Art to Everyday Aesthetics*, Helsinki: The Finnish Society for Aesthetics, 2019.

マッキンタイア、アラスデア（篠﨑榮訳）『美徳なき時代』みすず書房、1993 年。

Marini, Guillermo, “An Introduction to Everyday Aesthetics in Education,” *Studies in Philosophy and Education*, no. 40, 2021, pp.39-50.

ノディングス、ネル（宮寺晃夫監訳）『教育の哲学：ソクラテスから〈ケアリング〉まで』世界思想社、2006 年。

Saito, Yuriko, *Everyday Aesthetics*, Oxford: Oxford University Press, 2007.

—, *Aesthetics of the Familiar: Everyday Life and World-Making*, Oxford: Oxford University Press, 2017.

—, “Aesthetics of the Everyday”, *The Stanford Encyclopedia of Philosophy* (Spring 2021 Edition), Edward N. Zalta (ed.), URL = <https://plato.stanford.edu/archives/spr2021/entries/aesthetics-of-everyday/> (last

access date: May 9, 2021).
外山悠「もう一つの “Aesthetic Turn”：「日常」と「美学」を繋ぐものを求めて」『社会科学』第 49 巻第 4 号、同志社大学人文科学研究所、2020 年、pp.191-207。

第十章

『「わざ」から知る』を読み直す
—「世界への潜入」をめぐって—

今井康雄

1. 『「わざ」から知る』の画期性

生田久美子の著書『「わざ」から知る』[生田 1987]は、現代日本の教育哲学が生み出した最も独創的な研究成果の一つと言って間違いあるまい。生田はそこで、日本の伝統芸能における技能伝授に、現代でも通用する教育の原理があることを示して見せた。伝統芸能の技能伝授の方法は「時代遅れ」だというのが、教育学内の一般的な理解だっただろう。子供重視の新教育の立場からはもちろん、計画的で合理的な教授をめざす学校教育の立場から見ても、それは過去の遺物でしかなかった。生田はそうした通念に真っ向から対立する主張を展開した。段階的な教育システムを持つ西欧の芸術と異なり、伝統芸能の修行は模倣に終始する。しかしそこに、「形」から入って「型」の習得に至るための、つまりはその芸の真髄を会得するための、合理的な手立てがあると生田は主張した。しかもこの主張は、〈日本 vs. 西洋〉〈伝統 vs. 近代〉といったありがちな対置図式に依拠してなされたのではなかった。生田が依拠していたのは、ライルやシェフラーなどの、論理的整合性を重視する「分析的」な現代哲学が開拓した知識論であった。同書所収の「補稿」で生田の議論を解説した佐伯は、当時コールやワーチらが展開しつつあった認知心理学の潮流にそれを結び付けている[佐伯 1987]。生田の議論は、最先端の認知理論——その後「状況的認知論」「正統的周辺参加論」として知られるようになった——ともつながるものだったのである。

私自身が『「わざ」から知る』の画期性に衝撃を受けたのがいつのことだったのかは、残念ながら思い出すことができない。しかし、1991 年秋の教育哲学会大会でのシンポジウム「知っていても出来ないとは何か」で私は生田氏とともに登壇しており、この時点で本書を読んでいたことは確実である。そのシンポジウムからしばらくして、『中学教育』という教師向けの月刊誌で「読みなおそう基本図書」と題する連載を担当することになった時、私はフーコーの『監獄の誕生』やアリエスの『〈子供〉の誕生』と並んで、『「わざ」から知る』を紹介する回を設けている。そのなかで私は、上述のような生田の議論の概要を紹介した上で、次のように続けた。

> 伝統芸能というのは例が悪い、と言われるかもしれない。確かに、わざの体得と教科の知識を学ぶこととは、全く別の二つの事柄のようにも見える。しかし、このように見えることが、実は学校における「知識」の病理現象なのではないか、というのが生田のもう一つの主張なのだ。「明治維新はいつ起こったか」という問いに「1868年」と書けたとして、それはいったいいかなる「知識」なのだろうか。そう書けることは、明治維新について何かを「知って」いることの現れなのだろうか。それはむしろ、明治維新というダイナミックな変動を、まるで大地震か何かのような一突発事件として生徒が理解してしまったことの現れではなかろうか。もちろん、「1868年」と書けるということは一つの知識ではある。しかしそれは、明治維新についての知識ではなく、「明治維新がいつ起こったか、という問題が出たら1868年と書く」という知識なのである。［今井 1994：75］

2.「世界への潜入」への問い

このように、伝統芸能における「形」の模倣は現代の学校教育の問題点を浮き彫りにする視点ともなる。「明治維新は…」と問われたら深く考えることなく「1868年」と答える、というのは、伝統芸能に見られたのと同様の「形」の模倣だ、と言えなくもない。しかしそれは、生徒を、歴史教育が対象とする歴史の世界に、導き入れるのではなく、むしろそこから遠ざける役割を果たしている。「形」の模倣という点では同じでも、その働きは正反対なのだ。生田もこの違いに注意を向けている。現代の学校教育においては、学習の効率性が重視される結果、学習の手続きに重点が置かれることになる。そのため、「教師の意図としては、子どもたちの主体的かつ個性的な活動の発露が目指されていたにもかかわらず、意図とは全く逆の結果、すなわち完璧な「手続き」の模倣者を多く作り出してしまう」［生田 1987：118］というのである。

伝統芸能においては、模倣は手続きではなく芸という対象そのものに向けられている。そしてその前提には、「世界への潜入」が、つまり「学習者自らが当の「わざ」の世界に身体全体でコミットすること」［ibid.: 124］がある。こうした事情は、伝統芸能では徒弟制度、とりわけ内弟子制度に典型的に見ることができる。内弟子は、師匠の家に住み込んで芸を修行するが、師匠に稽古をつけてもらう機会は通い弟子に比べてむしろ少ない。師匠の身の回りの世話が主な仕事になるからである。にもかかわらず、芸の上達に関しては内弟子の方が圧倒的に充実しているという。ここに働いているのが世界への潜入である。つまり、内弟子は芸を支えている師匠の生活全般にコミットすることになり、「形」に意味を与えている芸の意味連関を洞察する機会を多く得ることができる。それによって、「事柄間の意味連関を身体全体を通して密に作り上げていく認識活動の活性化」［125］が促されることになる、というのである。

以下では、この「世界への潜入」という概念を軸にして、『「わざ」から知る』を、その後の生田の理論展開をも考慮に入れつつ、読み直してみたい。「世界への潜入」は、生田自身にとっても問題的な概念であり、それをどのように理解し具体化するか、という課題が、『「わざ」から知る』以後の生田の理論展開を駆動してきたようにも思われる。そしてこの『「わざ」から知る』以後の理論展開が、私の考える「世界への導入」——私自身は、「世界への導入」として教育を捉えたいと考えている［cf. 今井 2021］——に啓発的な視点を提供してくれているように思えるのである。

3.『「わざ」から知る』以後の理論展開

(1)「わざ」から「ケア」へ

『「わざ」から知る』以後の理論展開については、実は生田自身が詳細な説明を行なっている。2007 年の同書改版に際して追加された「解題」で、生田はその後の理論展開を「「わざ」から「ケア」へ」という形で整理しているのである［生田 2007］。

まず、状況的認知論との出会いがあった。「何ゆえに「世界へ潜入」することが学習者の認識変容を生起させるのか」が、『「わざ」から知る』での議論の核心にありながら未解明の問題として残った、と生田は言う［ibid.: 177］。この未解明の問題に対して一つの見通しを与えたのが状況的認知論であった。それは、学習を、個々人のなかでの知識の獲得や技能の習得を超えて、「文化的実践としての「仕事」に参加することに伴って生じるアイデンティティーの変容として解釈」［178f.］していたからである。状況的認知論の示唆を受けて、生田は職人の世界における「わざ」伝承の実地調査に取り組むことになる。それによって明らかになったのは、「わざ」はライルの言う「傾向性（disposition）」概念に沿って一応理解可能ではあるが、ライル的な knowing how を超える「より包括的な「傾向性」」［185］としてそれを捉える必要がある、ということであった。宮大工の場合、その「「わざ」の要点は、素材の加工という意味での「技術」を超えて、自分が素材としての特定の木とどのように向き合うのか、また対象からどのようなことを受容するのか、言い換えるならば対象との関係をどのように作り上げていくのか、という点にある」［ibid.（原文の下線を省略）］。

このように、たとえば宮大工が「木」という対象との間で取り持つ応答的な関係として「より包括的な「傾向性」」を説明しつつ、生田はこの対象との関係を対人的な関係に横滑りさせる。「「わざ」概念が含意するそうしたより包括的な「傾向性」は［…］自分と対象との関係のみならず、当の実践共同体でともに活動する師匠をはじめとする仲間たちとの関係を構築する際に働く」［ibid.］というのである。こうした「わざ」における対人的な関係を教育の問題として捉え直す上で生田に大きな示唆を与えたのがケアリング論であった。「ケアリング論から提起された「ケアする人」と「ケアされる人」との間のケアリング関係構築の構図は、「わざ」の習得における「世界への潜入」の教育的意義とともに、学習者の認識変容の基盤となる師匠と弟子との関係をも明瞭に描き出している」［190］というのである。

以上のような「「わざ」から「ケア」へ」という生田自身の説明には、直ちには納得しがたい部分があるように思われる。私の感じる割り切れなさは、なぜケアリング論だったのか、という問いに集約される。ケアリング論は、「傾向性」概念を対象との関係から対人的な関係に横滑りさせ拡張する上で支えとなる枠組みであるかもしれない。しかし、対人的な関係は状況的認知論にすでに含まれていたはずである。文化的実践への参加を「学習」と捉えるその枠組みに従えば、そうした学習のプロセスは対人的な関係を含み、その対人的関係は当然、師弟関係のような教育的関係をも含み込んでいるだろう。とすれば、ケアリング論への依拠を説明する際の、「師匠と弟子との関係を明瞭に描き出している」から、という理由づけは、十分に説得的とは思えないのである。「「わざ」から「ケア」へ」という理論展開には、生田自身の説明では尽くされていなような要因が潜んでいたのではないか。そうした想定のもとで、『「わざ」から知る』以後の理論展開をたどり直してみたい。

(2)「教える」視点の前景化

まず注目したいのは状況的認知論との関係である。状況的認知論、とりわけ正統的周辺参加(LPP=Legitimate Peripheral Participation)の考え方は生田に大きな示唆を与えたが、それに対する違和感も当初から芽生えていたようなのである。「「わざから知る」その後」と題された「レクチャーと討論」[生田 1995]——福島真人を中心とする「文化の身体的基礎」研究会での報告・討議をもとにまとめられたものである [cf. 福島 1995:534]——にそれを見ることができる。LPP の議論を検討してみて、「言語使用が粗い、概念規定がきっちりとなされていない」[ibid.: 415] という印象を受けた、というのである。とりわけ「教育」概念の粗さを生田は指摘している。「教育という概念が、共通認識となっていないということが、[LPP との] 関心の違いの一つのあらわれになっている」[416]。具体的には何が問題だったのだろうか。

生田によれば、学習を実践共同体への参加として見るという LPP の見方は魅力的だが、「そこでの問題は、何が学習者を周辺参加から十全参加に向かわせる契機となるのか」[429] が問われていない点にある。LPP が主に対象にしている職人仕事(たとえば仕立屋)の場合には、初心者の周辺的な仕事(たとえばボタンつけ)と仕事の最終成果(シャツ)との関係を見て取ることは初心者にとってもたやすい。このため上述の問題は表面化せずに済んでしまう。しかし、生田が主に対象とした芸能の場合、たとえば内弟子が従事する師匠の世話と、目指す芸との、関係を見て取ることは難しい。レクチャー後の討論では、討論参加者から、師匠の世話が大事でそれが「型」の習得につながる、といった議論は、「ただ師匠が思わせているだけ」の、「若輩者を近づけさせないための言語戦略」なのではないか、という問いさえ出されている [福島 1995:440]。そしてこれは、学習者の立場から見れば至極真っ当な問いであろう。生田は、「世界への潜入」と「わざ」との間のこうした見通し難い距離に、「教育という概念」への問いが生じてくる理由——それは LPP において「教育」が不十分にしか考慮されていない理由でもある——を見ている。「世界への潜入」がなぜ、いかにして「わざ」の習得へと導くのか、という問題が、まさに教育の課題として捉え直されているのである。

こうした教育の前景化は、職人の「わざ」の伝承過程に焦点化した 2001 年の論文［生田 2001］に読み取ることができる。生田はそこで、宮大工や旋盤工といった高度な職人仕事の熟練において最終的に問われるのは、素材と対話し、素材を知り、その素材をどのように生かすかを考える「総合的な判断力」［ibid.: 236］なのだということを強調している（同じことは、先に見たとおり2007年の「解題」でも強調されることになる）。興味深いことに、こうした知的で総合的な判断力へと向かう熟練の過程に、生田は単なる「学習」のメカニズムを見てはいない。そこに見るべきは、「一見「ものを作り上げる仕事」とは無関係な行為（例：掃除、飯づくり）の中にその意図を埋め込んでおくような意図的な「教える」」［240］なのだ。生田がこのように「教える」を強調する背景には、「ボタンつけ」と「シャツ」のような単純な可視的関係とは違う飛躍的な関係を、高度な職人仕事のなかにも確認したという事情がある。素材加工についての熟練が「総合的な判断力」にどう結びつくのか。これは簡単には見通せない。そうした段差や飛躍ゆえに、一方では「世界への潜入」の必要性が、他方では、「世界への潜入」と、総合的判断力として現れる高度な「わざ」とをつなぐ「教える」の必要性が、ともに浮かび上がることになったと考えられるのである。

「教える」ことへの注目は、単なる対象の側の重点移動――学習から教育へ――ではなく、対象を捉える側の視点の移動あるいは明確化を意味していただろう。このことは、「「教える」教育の復権に向けて」と題した書評［生田 2006］に顕著に見ることができる。ここで生田は、「「教えない」教育」を標榜した野村幸正［野村 2003］に対して、「「教える」教育」を対置している。徒弟教育は「「教える」ことなしの「学び」の発生事例として取り扱われてきた」が、「これらの事例においても巧妙に仕組まれた「教える意図」が存在することを見逃してはならない」［生田 2006：305］というのである。生田自身も認めるように、野村と生田は「主張の大枠において極めて親近性があり」［ibid.: 304］、実践共同体への参加として学習を捉え直そうとする点では両者の考えは一致している。両者の違いを作っているのは、野村がそうした学習の過程を外部の観察者の視点で捉えているのに対して、生田は同じ過程を「教える」側の視点で捉えようとしている、という視点の違いなのではなかろうか。生田にとって実践共同体への参加は、常にすでに生じてしまっていてそれを的確に記述しさえすれば良い事実、ではなく、意図的に構成しなければ出来しない出来事として、事実としてではなく課題――「教える」という作用が解決すべき課題――として、浮かび上がってきているのである。

(3) なぜケアリング論か——感覚共有の必要性

ケアリング論への接続は、こうした教育の前景化と結びついてはいるが、その結びつきは決して直接的でも、また単純でもない。前項でも触れた書評では、「教える」働きを概念化する一つの道筋としてケアリング論が引き合いに出されている。著者の野村は暗黙知的な眼力やテイストとして現れる「人の働き」を重視しているが、こうした「「人の働き」を表出せしめる「教える者」と「学ぶ者」との間の関係性」は、「「ケア(リング)」の関係性と並行してとらえることができる」[ibid.: 307] というのである。教える者と学ぶ者の間の関係を「ケア」の関係として捉えるというのは、分かりやすすぎるほど分かりやすい考え方である。しかし、「ケア」の問題を主題的に論じた 2005 年の論文[生田 2005]では、ケアリング論の教育学的意味はむしろ「知」そのものの捉え直しという文脈で捉えられている。上の引用の文言で言えば、重点は「「教える者」と「学ぶ者」との間の関係性」にではなく、それが「「人の働き」を表出せしめる」という側面に置かれているのである。

生田によれば、ケアリング論は、「知的教育に対峙するものとしての「他者へのケア(配慮、気遣い、世話)」という狭い理解から[…]解放されて、「他者」の連続的な延長上にある「事物」や「観念」へ広げてその認識論的な関係性を強調するもの」[生田 2005:14] だという。そうした「ケア」の例として、生田はノーベル賞を受賞した遺伝学者バーバラ・マクリントックの研究姿勢を挙げている。マクリントックは、生物を観察や操作の対象として扱うのではなく、「生物に共感すること」を研究の基本姿勢としたという。こうした姿勢を表明する際の語法——「対象に「共感すること」「耳を傾けること」「自分を忘れること」「中に入り込むこと」」——は、「まさに先に記した「ケア(リング)」論を構成する言説であり、また観念」[ibid.: 17] なのである。ケアリング論は、生田が高度な職人仕事に見出した素材との対話的関係に、つまり「わざ」における知のあり方に、まずは関係づけられているのである。

対人的な「ケア」への、「わざ」経由の迂回的な関係は、編著書『わざ言語』所収の論文「「わざ」の伝承は何を目指すのか——Task か Achievement か」[生田 2011b] で主題化されることになる。この論文では、副題にもある Task/Achievement という概念枠組みが導入され、knowing how に止まらない「より高度の「傾向性」」という、これまでも生田が強調してきた「わざ」のあり方が、Achievement の概念で捉え直されている。生田によれば、「Task の学びは、いかにしたらある種の行為ができるかという「方法（やり方）の学び」」であるのに対して、「Achievement の学びはある種の行為が生起してしまう「状態の学び」」だという［ibid.: 12］。この両者はもちろん無関係ではない。後者は、「要素的あるいは段階的な学習活動（Task）を経た結果「なってしまった（なってしまっている）」状態」［ibid.］なのである。しかし、生田はこの両者の間に不連続をも見ている。そしてこの不連続は「わざ言語」のあり方にも反映することになる。

『わざ言語』の冒頭に置かれた「はじめに」で、生田は三種類のわざ言語を区別している。第一は、具体的な動きや行為を指示するわざ言語であり、ここでは「わざ」の伝承は Task のレベルで捉えられている。第二は、Task から Achievement のレベルへの橋渡しを目指したわざ言語であり、わざ言語は指導者と学習者の間での「身体感覚の協調・共有を促す」［生田 2011a：iv］ことになる。そして第三が、「直接にその方法を伝えられない自らの Achievement を［…］語りを通して伝えようとする」わざ言語である。それは、「意図的な指示の不可能性を認識した上で、なおかつ伝えることをあきらめず発する言葉に見られる」ものであり、「意図的「教える」や意図的「伝える」とは異なる次元に立つ」という［ibid.］。上述の論文（「「わざ」の伝承は何を目指すのか」）で生田が注目するのは、Task と Achievement の不連続を際立たせるこの第三のわざ言語である。

この第三のわざ言語がめざすのは、「一番目や二番目の「わざ言語」の機能である、ある種の「動き」や「身体感覚」を促すことを超えた「感覚の共有」」［生田 2011b：17］であり、この課題を考えたとき、対人的関係における「ケア」が再度参照されることになる。Task に即した「教える」では解決困難な「Achievement の感覚の共有」［ibid.］が学びにとって不可欠、とする考え方は、「ケアリング概念を手がかりとする「学び」観と共通するところが大きい」［ibid.：26］からである。ここでは、「「教える者」と「学ぶ者」の間に生じる「共感（sympathy）」や「共に感じること（feeling with）」」［27］がカギとなる。「感覚の共有」をめざす第三のわざ言語は、「「芸境」や Achievement すなわち「到達状態」を提示［..］することによって「突きつける」ことしかできない」［16］。ここでは、Task と Achievement を「一つの連続する道筋あるいは段階（steps）として語ることの不適切さ」［24］が意識されている。Task から Achievement への移行は、「教える」働きによっては解消できない飛躍を含んでいる。こうした飛躍を可能にしてくれるのが、教える者と学ぶ者との間の感情的な紐帯なのだ。こうして対人的な共感が要請され、ケアリング論が呼び出されることになるのである。

4.「世界への導入」に向けて

「「わざ」から「ケア」へ」という『「わざ」から知る』以後の生田の理論展開を駆動していたのは、私の見るところ、「教育」(「教える」)という視点の前景化である。「教育」の視点はすでに『「わざ」から知る』の段階で前提になってはいたが、状況的認知論やLPPと取り組む過程でこの視点がより明確に打ち出された。単純なknowing howには還元できない「わざ」の世界の複雑さが明らかになることで、一方で「世界への潜入」の重要性が再確認されるとともに、他方では、「世界への潜入」と、それが目指す「わざ」との距離や落差が、伝統芸能にとどまらない「わざ」世界一般の問題として浮上する。こうして、この落差を埋めるべき「教える」働きの不可欠性もまた、際立つことになった。

「教える」働きを「わざ言語」の問題として捉え直し分析する生田の試みは、「教える」ことの困難さや限界を逆に浮き彫りにしているように思われる。熟達者がわざ言語をいかに駆使したとしても、最終的には、非・熟達者に対して熟達者自身の世界を「突きつける」しかないのであった。ここには、私が「世界への導入」と呼びたい事態が現れている。熟達者は非・熟達者を自らの世界に導き入れようとするが、「突きつけ」られたその世界を非・熟達者が共有するに至るか否かは、確実に言うことはできない。そこには常に不確定性が存在する。

「ケア」は、この不確定性を極小化する仕組みとして導入されている。ケアリング関係において働く共感によって、「感覚の共有」が可能になると考えられている。「共感」は、そのこと自体に意味があるというより、異なる世界の間の段差を越えさせるために要請されているのである。しかしこれは順序が逆なのではないか。よくスポーツで、勝たなければ見えない風景がある、などと言われるように、まず世界への導入があり、その結果として初めて感覚も共有されるに至る、と捉えるべきではないか。このような捉え方は、ケアリング論の立場から見れば、対人的なcare forと対物的なcare aboutを二分法的に分離する立場だとして批判されるかもしれない。しかし、感情的な紐帯によって感覚の共有が成立したとしても――それは極端な場合にはプロパガンダのような感覚・感情の組織的動員によって人為的に捏造することも可能である――そのことで「わざ」の伝承が実現するとは思えない。「わざ」は、対象素材の加工や身体表現の成就のような実在論的な基盤を持っているはずである。だからこそ「世界への潜入」も要請されると考えられるのだが、それと「わざ」成就との間の距離もまた、浮き彫りになった。「世界への潜入」を「わざ」へとつなぐための「世界への導入」の様々な仕組みを、改めて解明する必要があるだろう。そのための豊富な手がかりを、『「わざ」から知る』およびそれ以後の生田の理論展開は与えてくれているように思われる。

《文献》

福島真人編『身体の構築学』ひつじ書房、1995年。

生田久美子『「わざ」から知る』東京大学出版会、1987年。

生田久美子ほか「「わざから知る」その後　レクチャーと討議（1)」、福島真人編『身体の構築学』ひつじ書房、1995年、415-456頁。

生田久美子「職人の「わざ」の伝承過程における「教える」と「学ぶ」―独自の「知識観」「教育観」をめぐって」、茂呂雄二編『実践のエスノグラフィ』金子書房、2001年、230-246頁。

生田久美子「「知」の一様式としての「ケア」―ジェンダーの視座に立つ教育哲学からの提言」、生田久美子編『ジェンダーと教育―理念・歴史の検討から政策の実現に向けて』東北大学出版会、2005年、5-23頁。

生田久美子「「教える」教育の復権に向けて―逆説的な示唆として」、日本児童研究所編『児童心理学の進歩2006年版』金子書房、2006年、304-309頁。

生田久美子「解題「わざ」から「ケア」へ―「知識」とは何かを問いつづけて」『「わざ」から知る』東京大学出版会、2007年、175-199頁。

生田久美子「はじめに―「わざ言語」と「学び」」、生田久美子／北村勝朗編『わざ言語―感覚の共有を通しての「学び」へ』慶應義塾大学出版会、2011年a、i-vii頁。

生田久美子「「わざ」の伝承は何を目指すのか―TaskかAchievementか」、生田久美子／北村勝朗編『わざ言語―感覚の共有を通しての「学び」へ』慶應義塾大学出版会、2011年b、3-33頁。

生田久美子「「教育学」としての教育哲学が担う役割とは何か」『教育哲学研究』(120)、2019年、134-144頁。

今井康雄「読みなおそう基本図書　『「わざ」から知る』」『中学教育』(1994年10月号)、1994年、74-75頁。

今井康雄「世界への導入としての教育―反自然主義の教育思想・序説（六)」『思想』(1161／2021年1月号)、2021年、124-151頁。

野村幸正『「教えない」教育―徒弟教育から学びのあり方を考える』二瓶社、2003年。

佐伯胖「補稿 なぜ、いま「わざ」か」, 生田久美子,『「わざ」から知る』東京大学出版会、1987年、145-163頁。

あとがき

佐藤臣彦

樋口聡教授が、無事、定年を迎えられた。欣快に堪えない。ご承知のように、どういうわけか、さまざまな病魔に取り憑かれて苦労を重ねられてきたわけであるが、それらにめげることなく、職務を全うされたこと、本当に頭が下がる。（取り敢えず）お疲れさまでした。

樋口さんとの出会いは、私が筑波大学に赴任した1978年10月のことになる。当時、私は31歳の新米講師、樋口さんは5年一貫制博士課程の一年生だったが、次第にわが研究室を訪ねてくれるようになり意気投合、プライベートでスキー旅行に（お気に入りの女性を伴って）出かけたりもした。私も前任校が新潟大学だったので、スキーにはそれなりの自信をもっていたけれど、樋口さんは高校時代に（陸上競技と共に）スキー・クラブで活躍していたという本格派、とても太刀打ちできるものではなかった。

（わずか）5年で博士号を取得して広島大学に赴任されてからは、時々手紙を交換したり（当時は、Eメールなどという便利なツールは存在しなかった）、執筆した論文を送り合ったりして関係性は維持され続け、たまたま、送り忘れがあったりしたときなど、樋口さんから「未だ届いていません」といった督促状が届いたりした。また、2004（平成17）年から2008（平成20）年にかけては、科研費による共同研究で、新保淳さん（現静岡大学教授）や木庭（現姓・上泉）康樹さん（現広島大学准教授）等と共に、ベルリン、アテネ、オリンピアを研究訪問することができた。実に有益な旅だった。

思い出しついでに痛恨事をひとつ。前々任者だった浅田隆夫教授の後任人事の際、私は強く樋口さんを推したのであるが、さまざまな事情が重なって実現することができなかった。あの時、樋口さんが戻ってきてくれていたら、筑波大学体育哲学研究室は盤石のものとなっていたであろうに、かえすがえすも残念なことであった。

私の現役時代、度々、韓国、中国、台湾に招待されて講演や研究発表をしてきたが、特に、2001年以来十回ほど訪れている韓国の知人から招待研究者の推薦を依頼されることがよくあって、そんな時、樋口さんを推薦すれば、まず、間違いはなかった。ここではっきり言っておくことにするが、樋口さんは私が体育学の分野で学問的に信頼している唯一の人である。

現在、私は、『スポーツを哲学する—文化哲学的アプローチ』の完成に向けて奮闘中であるが、この著作は、私の生涯の研究テーマである「身体論」「体育哲学」「スポーツ哲学」という三題のうちの最後のピースになる。この中で、樋口さんの著書、『スポーツの美学』(1987年)に言及し、「本書の刊行によって、他のスポーツ美学書はまたたく間に駆逐されてしまい、今やこの分野における唯一孤高の定本たる地位を占めている」と形容したが、それほどに学問的水準が(例外と言えるほどに)高い。これが未だ20代の大学院生によって書き上げられたものとはにわかには信じられない気がする。

樋口さんの学問的力量は、この時点ですでに遺憾なく発揮されており、幸いなことに、その後も下降線を辿るなんてことは全く無かった。それどころか、活躍の場は体育学会などという偏頗な枠を(とっくの昔に)跳び越えて、「美学」や「教育学」プロパーの場に拡がり、さらに達者な語学力を駆使して海外にも活躍の場を拡げ、さまざまな欧文論文集に寄稿すると共に、樋口さんの新著、"Somaesthetics and the Philosophy of Culture"が、イギリスの著名な出版社、Routledgeから出版されたと聞く。まさに水際立った活躍ぶりである。

こうした活躍は、定年退職後も継続されるにちがいない。定年退職が職業的人生における一区切りであることは確かである。それを機に、樋口さんに所縁ある人たちが論稿を寄せ合って一本を構成する。素敵な試みである。本書によって、樋口さんの業績が(より)広く認知されることを願ってやまない。

著者・訳者一覧（掲載順）

小松佳代子（長岡造形大学造形研究科教授）

1965年、兵庫県生まれ。東京大学大学院教育学研究科博士課程単位取得退学・博士（教育学）。専門は、教育学、美術教育。現在は、美術制作者の思考や探究を明らかにすべく「芸術に基づく研究（Arts-Based Research）」に携わっている。主な著書に、『美術教育の可能性―作品制作と芸術的省察』（編著）『周辺教科の逆襲』（編著）『美術と教育のあいだ』（共著）など、主な論文に、「判断力についての覚書」、“Jeremy Bentham and Citizenship Education” などがある。

リチャード・シュスターマン　Richard Shusterman（フロリダ・アトランティック大学教授）

1949年、アメリカ合衆国生まれ。エルサレム・ヘブライ大学、オックスフォード大学修了（博士）。専門は哲学。パリ、ベルリン、広島、北京、上海、ローマで客員教授として滞在。フロリダ・アトランティック大学のCenter for Body, Mind, and Cultureの長をつとめる。14言語に翻訳された *Pragmatist Aesthetics* (2000) のほか、*Body Consciousness* (2008), *Thinking Through the Body* (2012), *Ars Erotica* (2021) など著書・論文多数。

裵芝允（ベ・ジユン）（広島大学特任助教）

1985年、韓国大邱市生まれ。広島大学大学院教育学研究科教育学習科学専攻修了・博士（教育学）。学位論文「教育のための「身体感性論」の研究―「改良主義」と身体的「実践」に着目して―」。専門は教育学・身体感性論。現在は最新の教育実践と教育論の関係について、また、一人称の身体的意識について主に研究している。主な著書・論文に *Somaesthetics and the Philosophy of Culture: Projects in Japan*（共著）、“Somaesthetics and yoga”、「プラグマティズムとしての身体感性論」などがある。

グンター・ゲバウア　Gunter Gebauer（ベルリン自由大学名誉教授）

1944年、ドイツ生まれ。キール大学・マインツ大学、ベルリン自由大学修了（博士）。専門は哲学。1991年から1993年まで国際スポーツ哲学会の会長をつとめる。*Sport-Eros-Tod* (1986), *Praxis und Ästhetik* (1993), *Das Leben in 90 Minuten* (2016), *Wittgenstein's Anthropological Philosophy* (2017), *Olympische Spiele* (2020), *Wie wird man ein Mensch?* (2021) など著書・論文多数。

釜崎太（明治大学法学部教授）

1970年、福岡県生まれ。広島大学大学院教育学研究科学習開発専攻修了・博士（教育学）。学位論文「身体教育の可能性の探求―近代学校体育論の批評と創造―」。専門は身体教育論・スポーツ思想。現在は主にドイツのブンデスリーガ、スポーツクラブと市民社会の関係について研究している。主な著書に『教育における身体知研究序説』(共著)、『部活動学』(共著) など、主な論文に『人間の教師には何ができるか―ドレイファスの人工知能批判と身体教育―』、『ドイツの市民社会とブンデスリーガ』などがある。

上泉康樹（広島大学大学院人間社会科学研究科准教授）
1973年、岡山県生まれ。広島大学教育学部卒業。筑波大学大学院博士課程体育科学研究科単位取得退学・博士（体育科学)。専門はスポーツ哲学、サッカー思想。主な著書に「スポーツにおける左と右―サッカーの対称性と反対称性をめぐって―」（共著『左と右・対称性のサイエンス』丸善出版、6章)、主な論文に「サッカーのゲーム分析のための原理論構築に向けたスポーツのゲーム構造論に関する研究」（共著『体育・スポーツ哲学研究』31(1)）などがある。

松田太希（暴力問題相談センター）
1988年、岡山県生まれ。広島大学大学院教育学研究科学習開発専攻修了・博士（教育学)。学位論文「学校教育の暴力性に関する社会哲学的研究―スポーツ集団への着目から―」。専門は暴力論、スポーツ哲学、教育学。現在は、スポーツや教育における暴力問題の対策と予防のあり方や言語・社会構造の暴力性について研究している。著書に『体罰・暴力・いじめ―スポーツと学校の社会哲学』（単著)、*Somaesthetics and the Philosophy of Culture: Projects in Japan*（共著）など、主な論文に『教育の暴力／暴力の教育―信じる力を信じて』、『あらためて、暴力の社会哲学へ―暴力性の自覚から生まれる希望』などがある。

新保淳（静岡大学教育学部教授）
1957年、富山県生まれ。筑波大学大学院体育研究科体育方法学専攻修了。学位論文「スポーツ科学の限界と可能性：科学論の視点から」（広島大学大学院教育学研究科提出。博士（教育学))。専門は身体教育論・教員養成論。現在は技能系教科における「思考・判断・表現」の評価方法について研究している。主な著書に『体育の概念』（共著)、『スポーツ標語の功罪』（共著）など、主な論文に『持続発展教育を視点とした新たな教科体育の展望』、『「学び」の自己展開力に関する評価方法の研究』などがある。

須谷弥生（川崎医療福祉大学医療技術学部助教）
1993年、島根県生まれ。広島大学大学院教育学研究科教育学習科学専攻修了・博士（教育学)。学位論文「社会的構成主義の学習論における言語と身体性についての教育学的研究」。専門は教育思想、学習論。研究テーマは社会的構成主義の学習論。著書に *Somaesthetics and the Philosophy of Culture: Projects in Japan*（共著)、主な論文に「言語教育と感性についての一考察」、「社会的構成主義としてのデューイ学習論の再検討：言語の観点から」などがある。

山内規嗣（広島大学大学院人間社会科学研究科教授）
1969年、埼玉県生まれ。筑波大学大学院教育学研究科教育基礎学専攻単位取得退学、博士（教育学）。専門は学校教育史・近代ドイツ教育思想史。現在は18世紀ドイツ汎愛派による啓蒙雑誌における議論的公共性などについて研究している。主な著書に『J.H. カンペ教育思想の研究　ドイツ啓蒙主義における心の教育』（単著）、『教育の思想と原理―良き教師を目指すために学ぶ重要なことがら―』（共著）など、主な論文に「J.H.Campe 教育思想における Seelenlehre の位置と意味」などがある。

丸山恭司（広島大学大学院人間社会科学研究科教授）
1964年、広島県生まれ。フロリダ州立大学大学院教育学研究科教育基礎専攻修了・博士（ph.D）。専門は教育哲学・教育倫理学。ウィトゲンシュタイン研究、専門職倫理教育の研究に携わっている。主な著書に *A Companion to Wittgenstein on Education*（共著）、『教育的関係の解釈学』（共著）など、主な論文に "Ethics Education for Professionals in Japan: A Critical Review"、「教育において〈他者〉とは何か：ヘーゲルとウィトゲンシュタインとの対比から」などがある。

今井康雄（日本女子大学人間社会学部教授・東京大学名誉教授）
1955年、岐阜県生まれ。広島大学大学院教育学研究科単位取得退学、博士（教育学）。教育哲学・教育思想史を専攻。19～20世紀ドイツの教育思想史とそれを踏まえた教育哲学の現代的展開を探索している。主な著書に『メディアの教育学』『メディア・美・教育―現代ドイツ教育思想史の試み』(いずれも東大出版会)など、主な論文に『思想』誌での連載「世界への導入としての教育―反自然主義の教育思想・序説（一）～（六)」などがある。

佐藤臣彦（筑波大学名誉教授）
1947年、愛知県生まれ。東京教育大学大学院体育学研究科修士課程体育学専攻修了。専門はギリシア思想研究、体育哲学、スポーツ哲学。『身体論序説―アリストテレスを中心に―』によって「博士（文学)」を取得（筑波大学哲学・思想研究科)。主な著書に『身体教育を哲学する―体育哲学叙説―』（北樹出版、1993年）など、主な原著論文に『人間存在における身体の特異性』、『体育学の対象と学的基礎』、『ギリシア彫刻にみる身体認識』、『身体運動文化研究の学際性』、『スポーツ教育におけるエリート主義の意義』、『スポーツの文化性と象徴性』など多数。現在、最後となる著書、『スポーツを哲学する―文化哲学的アプローチ』を執筆中。

樋口聡 経歴

1955（昭和30）年　福島県大沼郡会津高田町（現在、会津美里町）に生まれる。

1971年4月　福島県立会津高等学校理数科入学。東京教育大学出身の国井直英教諭の影響を受けて陸上競技を始める。高校2年の秋、福島県新人大会の800mで優勝。高3春のインターハイ福島県大会の1500m障害の決勝レース中、水豪で、後続の選手にスパイクされ、左足かかとに創傷を受ける。この怪我により、全国大会には出場できなかった。この挫折が、樋口のその後の人生を大きく変えることになった。

1974年3月　会津高等学校卒業。

1974年4月　筑波大学体育専門学群入学（一期生）。入学当初から、将来、研究者になることを考えたが、同時に、高校時代の挫折を乗り越えようとして、陸上競技に打ち込む。3000m障害で、関東インカレ、日本インカレ等に出場。大学1年、2年、4年の時、箱根駅伝に出場（6区、2区を走る）。1977年、78年の国民体育大会の3000m障害に、福島県代表で出場。1977年度の陸上競技ランキングで3000m障害、日本30傑に入る（9分9秒4）。

1978年3月　筑波大学卒業。

1978年4月　筑波大学大学院博士課程体育科学研究科入学。

1983年7月　同修了（教育学博士）。

1983年11月　広島大学教育学部福山分校助手（体育教育学）。

1988年6月～1989年3月　アメリカ合衆国テネシー州立大学ノックスビル校客員研究員。

1989年10月　広島大学教育学部講師（1991年4月より大学院担当）。

1993年7月　広島大学教育学部助教授。

1997年4月　広島大学大学院教育学研究科博士課程後期学習開発専攻専任。体育教育学から離れる。

2000年～2002年　第15回国際美学会議委員会委員（日本学術会議）。

2001年4月　大学院講座化に伴い広島大学大学院教育学研究科助教授。

2003年8月　広島大学大学院教育学研究科教授（学習開発学講座）。
2012年～2014年　大学設置・学校法人審議会専門委員（文部科学省）。
2015年～2017年　科学研究費委員会専門委員（基盤研究等審査）（日本学術会議）。
2020年4月　研究科改組により広島大学大学院人間社会科学研究科教授。
2021年3月　広島大学定年退職。
2021年4月　広島大学名誉教授。

【非常勤講師・客員教授】
筑波大学、山口大学、熊本大学、広島修道大学、広島工業大学、広島国際学院大学、放送大学、京都女子大学、三重大学。

【外国人客員教授の招聘】
1998年から2018年の間、世界12か国（アメリカ、カナダ、ドイツ、オーストリア、スイス、オランダ、イギリス、オーストラリア、フランス、中国、韓国、ノルウェー）から計27名の教授を、広島大学大学院教育学研究科学習開発学講座の客員教授として招聘した。1999年8月～2000年3月のGunter Gebauer（ベルリン自由大学教授）、2002年7月～2003年6月のRichard Shusterman（テンプル大学教授）が含まれている。

樋口聡 著作一覧

樋口聡の研究は、スポーツ美学から始まった（教育学博士、1983年、筑波大学）。それはスポーツ哲学の一領域であり、「スポーツとは何か」を問うスポーツ論であったが、一方で、美学という学問への寄与を意識したものでもあった。樋口は、広島大学に就職して14年目、1997年に、広島大学大学院教育学研究科博士課程後期に新設された「学習開発専攻」の専任になり、研究の方向性が教育学へとシフトした。これを機に、樋口は自分の研究の専門を「身心文化論」と称することとした。それは、スポーツ美学からの「転向」ではなく、スポーツ美学の問題も含んだ、より広範囲の問題圏を射程に入れるという宣言であった。「身心文化論」の英語表記 Philosophy and Aesthetics of Body, Mind and Culture がそのことを表示している。その後もスポーツについての哲学的・美学的研究を樋口は継続したが、「教育」や「教養」といった視野の広がりが前提となっており、ほどなく、自分の専門領域を、従来の学問分野名を使って、「美学と教育学」と称することとなった。「身心文化論」は魅力的な名称であったが、この名称だけではその指示内容を理解してもらうことは困難だった。

しばしば誤解されたかもしれない。「樋口は、スポーツ美学を捨てて美学へ、体育学から教育学へ転向した…」などと。「美学と教育学」の「美学」は「スポーツ美学」を含んでいるし、「教育学」は「体育学」を、細かく言えば「体育哲学」なども含んでいるのである。言い換えれば、学問研究という内実からすれば、「スポーツ美学」は「美学」であるし、「体育哲学」は「教育学」であるということなのである。「教育哲学」が「教育学」であるように。学問の制度的意味は理解しつつも、学問研究の内実へのこだわりを、樋口は創造的なこととして重視したのである。

以下の著作一覧は、この用語法に従ってまとめている。研究内容は、截然と分割できるものではなく、互いに重なり合っている。それを前提としたとりあえずの分類である。現今、紙媒体の『全集』などありえない。以下の一覧は、著作名、出版媒体、頁数などの書誌情報を示すもので、それを手掛かりに当該論文等にアクセスできるものとなっている。リスト中、[広島大学図書館 HP 学術情報リポジトリ] とあるのは、広島大学図書館のホームページの「資料の検索」→「広島大学学術情報リポジトリ」で論文のフル・テクストをダウンロードできることを意味している。そうしたことであるので、この著作一覧は、仮想『樋口聡全集』の目次でもある。この一覧は、2021 年 5 月 1 日現在のものである。なお、講座のプロジェクトなどで報告書に名前を連ね、まとめなどを書いているものもあるが、この一覧には含めていない。

I　美学（スポーツ美学、スポーツ哲学含む）

[著書]

（単著および単著に近いもののみを挙げている。論文集の一つの章を執筆して単行本として出版されたものなどを数えれば、このほかに 17 冊ある。）

1. 『スポーツの美学―スポーツの美の哲学的探究―』不昧堂、1987 年。（単著）（この著作には韓国語訳がある。金昌龍・李光子訳『스포츠 미학』21 세기교육사、1999 年。）
2. 『遊戯する身体―スポーツ美・批評の諸問題―』大学教育出版、1994 年。（単著）
3. 『身体感性と文化の哲学―人間・運動・世界制作―』勁草書房、2019 年。（編著）
4. *Somaesthetics and the Philosophy of Culture: Projects in Japan*, Abingdon and New York: Routledge, 2021.（単著＝ monograph であるが、ベ・ジユン、松田太希、永田祥子、須谷弥生が第 7 章から第 10 章までの一章ずつを執筆している。）

[訳本]

1. シュスターマン（樋口聡・青木孝夫・丸山恭司訳）『プラグマティズムと哲学の実践』世織書房、2012 年。

[論文]

1. 「体育・スポーツ美学研究のための導入」『体育・スポーツ哲学研究』第 1 巻、1979 年、31-40 頁。

2. 「スポーツの美の価値内容としての生命力と人格性」『体育・スポーツ哲学研究』第 4・5 巻、1983 年、89-96 頁。
3. 「スポーツの美の哲学的考察」（筑波大学博士論文）1983 年。
4. 「運動の経過」「運動の美的価値」体育原理専門分科会（編）『運動の概念』不昧堂、1984 年、155-167、205-212 頁。
5. 「「体育」における美学的問題の意義」『広島大学教育学部紀要』第 33 号、1985 年、167-177 頁。［広島大学図書館 HP 学術情報リポジトリ］
6. 「芸術によるスポーツの描写について—スポーツ芸術の意義—」『広島体育学研究』第 11 巻、1985 年、15-22 頁。
7. 「うごきの質・かたちの美—スポーツ美学からの断章—」『体育の科学』第 35 巻第 11 号、1985 年、819-822 頁。
8. 「健康への疑問—体育、スポーツ、健康の関係の考察—」『広島大学教育学部紀要』第 34 号、1986 年、175-185 頁。［広島大学図書館 HP 学術情報リポジトリ］［『遊戯する身体』に所収］
9. 「スポーツ美」中村敏雄・高橋健夫（編）『体育原理講義』大修館書店、1987 年、219-223 頁。
10. "The Aesthetic Studies of Sport in Japan" *The Proceedings of the PSSS Conference*, 1987, pp.187-191.
11. 「スポーツは芸術か？—ワーツ - ベスト論争—」『体育・スポーツ哲学研究』第 11 巻第 1 号、1989 年、27-39 頁。［『遊戯する身体』に所収］
12. "Problem Areas of the Aesthetics of Sport: An Introduction to the Aesthetics of Sport and a Survey of Literature"『広島大学教育学部紀要』第 38 号、1990 年、139-149 頁。［広島大学図書館 HP 学術情報リポジトリ］
13. 「スポーツをめぐる美学的諸問題」『藝術研究』第 3 号、1990 年、21-31 頁。［広島大学図書館 HP 学術情報リポジトリ］［『遊戯する身体』に所収］
14. "Liveliness and Personality: The Content of the Aesthetic Object in Sport" Andre, J. and James, D.N. (Eds.) *Rethinking College Athletics*, Philadelphia: Temple University Press, 1991, pp.103-108.
15. "Heidegger's Concept of Authenticity and Sport Experience"『広島大学教育学部紀要』第 39 号、1991 年、131-137 頁。［広島大学図書館 HP 学術情報リポジトリ］
16. 「スポーツ美学への誘い」『体育科教育』第 39 巻第 1 号、1991 年、21-23 頁。（劉新華による中国語訳あり）

17. 「スポーツと労働をめぐる遊戯論的考察―リガウアとグートマンを越えて―」『広島大学教育学部紀要』第 41 号、1993 年、167-176 頁。［広島大学図書館 HP 学術情報リポジトリ］［『遊戯する身体』に所収］
18. 「芸術からスポーツへ―美学の拡張の試み―」『藝術研究』第 6 号、1993 年、33-48 頁。［広島大学図書館 HP 学術情報リポジトリ］［『遊戯する身体』に所収］
19. 「スポーツ美と勝敗あるいは美しいゲームについて」中村敏雄（編）『スポーツ文化論シリーズ②スポーツのルール・技術・記録』創文企画、1993 年、11-37 頁。
20. 「文化としてのスポーツと感性」『学校体育』第 47 巻第 1 号、1994 年、24-26 頁。
21. "From Art Toward Sport: An Extension of the Aesthetics" *Aesthetics*, No.6, 1994, pp.113-122.
22. "Rethinking the Relationship between Sport and Art" *Sport and Values: Proceedings of the 22nd Annual Conference of the PSSS*, 1994, pp.75-85.
23. 「スポーツの〈隠れた次元〉と美意識」『体育の科学』第 44 巻第 11 号、1994 年、899-902 頁。
24. 「スポーツ文化のエコロジー」齋藤稔（編）『芸術文化のエコロジー』勁草書房、1995 年、256-270 頁。
25. 「芸術と非芸術―魔術的なアートとしてのスポーツ―」齋藤稔教授退官記念論文集編集委員会（編）『諸芸術の共生』溪水社、1995 年、403-415 頁。
26. 「スポーツ科学論序説（I）：序論」『広島大学教育学部紀要』第 43 号、1995 年、135-144 頁。［広島大学図書館 HP 学術情報リポジトリ］
27. 「スポーツ科学論序説（II）：イメージの生成―わが国におけるスポーツ科学の誕生―」『広島大学教育学部紀要』第 44 号、1996 年、113-123 頁。［広島大学図書館 HP 学術情報リポジトリ］［『身体教育の思想』に所収］
28. "Popularization of Sports and Japanese Modernism" *Proceedings of the 2nd Tsukuba International Workshop on Sport and Education*, 1996, pp.101-104.
29. 「知の方法論と映像のちから」『体育の科学』第 47 巻第 4 号、1997 年、246-251 頁。
30. 「スポーツ科学論序説①：序論：科学論の意義」『体育科教育』第 46 巻第 6 号、1998 年、62-64 頁。
31. 「スポーツ科学論序説②：イメージの生成―わが国におけるスポーツ科学の誕生 I―」『体育科教育』第 46 巻第 8 号、1998 年、57-59 頁。

32. 「スポーツ科学論序説③：イメージの生成―わが国におけるスポーツ科学の誕生 II ―」『体育科教育』第 46 巻第 9 号、1998 年、51-53 頁。
33. 「スポーツ科学論序説④：イメージの生成―わが国におけるスポーツ科学の誕生 III ―」『体育科教育』第 46 巻第 10 号、1998 年、54-56 頁。
34. 「〈認識〉問題と〈教育〉を問うことをめぐるいくつかの疑問」『近代教育フォーラム』第 7 号、1998 年、39-44 頁。
35. 「学問と教育のポリティクス：日本体育学会の道程と学校体育」『体育科教育』第 46 巻第 17 号、1998 年、164-167 頁。[『身体教育の思想』に所収]
36. 「科学論から見たスポーツ科学の〈内〉と〈外〉」『体育学研究』第 44 巻第 1 号、1999 年、42-46 頁。[広島大学図書館 HP 学術情報リポジトリ]
37. 「美と生きる力―身体と教育を結ぶもの―」『体育思想研究』第 5 号、1999 年、55-75 頁。[『身体教育の思想』に所収]
38. 「スポーツ科学論序説㉒：科学論の可能性―連載のまとめと展望―」『体育科教育』第 48 巻第 4 号、2000 年、48-50 頁。
39. 「日本の近代化とスポーツ観客の誕生」金田晉（編）『芸術学の 100 年―日本と世界の間―』勁草書房、2000 年、97-117 頁。[『身体教育の思想』に所収]
40. 「美学的知の臨界―美学の変容とスポーツ文化論―」近藤英男・稲垣正浩・高橋健夫（編）『新世紀スポーツ文化論』タイムス社、2000 年、5-23 頁。
41. 「感性・アート・身体―スポーツ美学の現在―」『体育原理研究』第 31 号、2001 年、29-32 頁。
42. 「スポーツの変化と身体の変貌」『現代スポーツ評論』第 5 号、2001 年、58-69 頁。[『身体教育の思想』に所収]
43. 「オリンピック標語と「日本的感性」をめぐる美学的断章」中村敏雄（編）『オリンピック標語の考察』創文企画、2002 年、39-68 頁。[『身体教育の思想』に所収]
44. 「スポーツの美学とアート教育」佐藤学・今井康雄（編）『子どもたちの想像力を育む：アート教育の思想と実践』東京大学出版会、2003 年、190-207 頁。
45. “Memories of Hiroshima and Soccer” *Proceedings of The International Symposium on Soccer and Society*, Sendai College of Physical Education, 2003.8, pp.85-90. [*bildunsreise-reisebildung*, Münster: Lit Verlag, 2004, pp.67-71] [日本語版、『身体教育の思想』に所収]
46. 「文武の思想・東洋的身体論・somaesthetics」『アジアの藝術思想の解明―

比較美学的観点からの研究―』（科研成果報告書）、2004 年、39-48 頁。

47. 「美学とスポーツ」『体育の科学』第 54 巻第 8 号、2004 年、609-612 頁。

48. 「美学の変容の一断面―W. ヴェルシュのスポーツの美学をめぐって―」『美学』第 218 号、2004 年、1-13 頁。

49. 「異文化の芸術／芸術の異文化」『戦争・他者・芸術―美意識における異文化理解の可能性―』（科研成果報告書）、2005 年、13-25 頁。［『身体教育の思想』に所収］

50. 「身体と身―「身体」論の問題性」『「美的なもの」の教育的影響に関する理論的・文化比較的研究』（科研成果報告書）、2005 年、97-105 頁。［『身体教育の思想』に所収］

51. "Mimesis and Play" Marsal, E. and Dobashi, T. (Eds.) *Das Spiel als Kulturtechnik des ethischen Lernens*, Münster: Lit Verlag, 2005, pp.33-46.［日本語版、『身体感性と文化の哲学』に所収］

52. "Eastern Mind-Body Theory and Somaesthetics" Imai, Y. and Wulf, C. (Eds.) *Concepts of Aesthetic Education: Japanese and European Perspectives*, Münster: Waxmann Verlag, 2007, pp.88-96.

53. 「フィールドと学び―広島というローカリティをグローバル文化で考える―」『学習開発学研究』第 2 号、2009 年、19-27 頁。［広島大学図書館 HP 学術情報リポジトリ］

54. "An Aspect of Undoing Aesthetics: On W.Welsch's Aesthetics of Sport" *Aesthetics*, No.13, 2009, pp.11-21.

55. 「多面体としてのスポーツ」『現代スポーツ評論』第 20 号、2009 年、68-79 頁。

56. "The Politics of Art in Modern Japan: The Fine Arts versus the Martial Arts" *Congress Book II Selected Papers (XVIIth International Congress of Aesthetics)*, 2009, pp.89-96.

57. "Innovations in Aesthetics and the Culture of Sport"『現代社会におけるスポーツの諸問題と多元的価値に関する研究―スポーツ文化・現代身体論への学際的アプローチ―』（科研報告書）、2009 年、47-54 頁。

58. 「ヘーゲル哲学とスポーツ論の可能性」『現代社会におけるスポーツの諸問題と多元的価値に関する研究―スポーツ文化・現代身体論への学際的アプローチ―』（科研報告書）、2009 年、55-73 頁。

59. 「ヘーゲル哲学とスポーツ論の可能性」『思想』第 1050 号、2011 年、50-65

頁。（58の論文に加筆したもの）

60. 「スポーツの美学」井上俊・菊幸一（編）『よくわかるスポーツ文化論』ミネルヴァ書房、2012年、122-123頁。
61. "Somaesthetics in Japan as Practicing Pragmatist Aesthetics" Małecki, W. (Ed.) *Practicing Pragmatist Aesthetics: Critical Perspectives on the Arts*, Amsterdam: Rodopi, 2014, pp.203-215.［日本語版、『身体感性と文化の哲学』に所収］
62. 「スポーツと美しさ」友添秀則・岡出美則（編）『教養としての体育原理 新版―現代の体育・スポーツを考えるために』大修館書店、2016年、141-143頁。
63. 「スポーツ科学論のゆくえ」『現代スポーツ評論』第34号、2016年、51-62頁。
64. 「ヘーゲル『美学講義』にもとづくスポーツと芸術の結合と離反」『体育の科学』第67巻第3号、2017年、201-205頁。
65. "A Critical Reflection on the Concept of Art and an Innovation of Art Education"『広島大学大学院教育学研究科紀要（第一部）』第66号、2017年、17-24頁。［広島大学図書館HP学術情報リポジトリ］
66. "Archeology of the Art of Body Movement: Learning from Japanese *Ko-bujutsu*" *The Journal of Aesthetic Education*, 53(1), 2019, pp.97-105.

II　教育学（体育哲学含む）

［著書］

（単著および単著に近いもののみを挙げている。論文集の一つの章を執筆して単行本として出版されたものなどを数えれば、このほかに15冊ある。）

1. 『身体教育の思想』勁草書房、2005年。（単著）
2. 『教育の思想と原理―良き教師を目指すために学ぶ重要なことがら―』協同出版、2012年。（共著）（共著者：山内規嗣）
3. 『教育における身体知研究序説』創文企画、2017年。（編著。他の執筆者は王水泉、釜崎太。）（この書物は王水泉によって中国語に翻訳される予定である。）

［論文］

1. 「教科「内容学」の図式的展望」『広島大学教育学部紀要』第 36 号、1987 年、201-211 頁。［広島大学図書館 HP 学術情報リポジトリ］
2. 「現代学習論における身体の地平：問題の素描」『広島大学教育学部紀要（第一部）』第 46 号、1998 年、277-285 頁。［広島大学図書館 HP 学術情報リポジトリ］
3. 「身体論と教育―問題の枠組みとひとつのプロレゴメナー」『近代教育フォーラム』第 8 号、1999 年、75-86 頁。［『身体教育の思想』に所収］
4. 「表現・技能と学習指導」森敏昭（編）『21 世紀を拓く教育の方法・技術』協同出版、2001 年、69-86 頁。
5. 「現代中国の教育の問題点と「身体教育」の可能性―毛沢東の身体文化論をめぐって―」（共著）『体育原理研究』第 32 号、2002 年、25-30 頁。（共著者：劉新華）
6. 「現代中国における体育教員養成制度の問題点―「体育実技」の位置づけをめぐる中日比較を通して―」（共著）『体育原理研究』第 32 号、2002 年、31-38 頁。（共著者：林陶）
7. 「ミーメーシスの視点から見た暴力と教育」“Violence and Education from the Viewpoint of Mimesis”『ポスト・モダン的問題提起のもとでの教育科学の課題に関する日独協力研究：環境、美学、身体と教育科学』（科研成果報告書）、2002 年、57-66、183-193 頁。［日本語版、『身体感性と文化の哲学』に所収］
8. 「感性教育論のためのエスキス」『広島大学大学院教育学研究科紀要（第一部）』第 50 号、2002 年、9-15 頁。［広島大学図書館 HP 学術情報リポジトリ］［『身体教育の思想』に所収］
9. 「学習論として見た「身体感性論」の意義と可能性―R. Shusterman の所論をめぐって―」『広島大学大学院教育学研究科紀要（第一部）』第 51 号、2003 年、9-15 頁。［広島大学図書館 HP 学術情報リポジトリ］［『身体教育の思想』に所収］
10. 「教育思想における〈学び〉の位置」『学習開発研究』第 2 号、2003 年、71-78 頁。
11. 「子どものための英語教育―シュタイナー教育における実践からの示唆―」(共著)『広島大学大学院教育学研究科紀要（第一部）』第 54 号、2006 年、19-28 頁。（共著者：Christoph Jaffke、足立望）［広島大学図書館 HP 学

術情報リポジトリ]

12. "Learning as Mimesis: Aspects of Play, Art and Morality" Camhy, D.G. (Ed.) *Philosophical Foundations of Innovative Learning*, Sankt Augustin: Academia, 2007, pp.124-130.
13. "Ethical Learning and the Problem of Body" Marsal, E., Dobashi, T., Weber, B., and Lund, F.G. (Eds.) *Ethische Reflexionskompetenz im Grundschulalter: Konzepte des Philosophierens mit Kindern*, Frankfurt am Main: Peter Lang, 2007, pp.193-204.
14. 「教育における身体と知」『大学時報』第 56 巻(313 号)、2007 年、70-75 頁。
15. 「在社会体育里アート(art)教育的作用」(中国語)『体育学刊(中国・広州)』第 14 巻第 9 号、2007 年、28-30 頁。(日本語は、「社会体育におけるアート教育の役割」華南師範大学における社会体育国際シンポジウムでの口頭発表、2007 年)
16. 「東洋的身体論の試み:西洋と東洋の相克」『体育哲学研究』第 38 号、2008 年、105-108 頁。
17. 「日本の教員養成の現状と課題―中教審の動きといくつかの事例から―」『グローバル時代における教職教養のモデル構築のための日墺国際比較研究』(科研成果報告書)、2008 年、3-13 頁。[広島大学図書館 HP 学術情報リポジトリ]
18. 「教職教養としての教師の感性」『グローバル時代における教職教養のモデル構築のための日墺国際比較研究』(科研成果報告書)、2008 年、53-63 頁。[広島大学図書館 HP 学術情報リポジトリ]
19. 「世界肯定の技法としての遊び――つの教育論―」『世界肯定の論理と技法―臨床哲学と比較思想との統合的国際的研究』(科研成果報告書)、2008 年、116-132 頁。
20. 「芸道論の基底と教育学的地平:倫理的学びと身体の問題」『藝道思想の現代的意義について―日本的展開を焦点として―』(科研成果報告書)、2008 年、14-22 頁。
21. 「学習集団の組織化と学びの個別性・協同性」『学校教育』第 1093 号、2008 年、12-17 頁。
22. 「異文化理解と教育―オーストラリアにおける事例観察と問題の展望―」『広島大学大学院教育学研究科紀要(第一部)』第 57 号、2008 年、17-26 頁。[広島大学図書館 HP 学術情報リポジトリ]

23. 「主体と身体―何が変容、脱落、透明化したのか―」『近代教育フォーラム』第 18 号、2009 年、15-24 頁。
24. 「授業研究の新しい方向性―反省的実践家によるアクション・リサーチと映像活用―」『広島大学大学院教育学研究科紀要(第一部)』第 59 号、2010 年、21-30 頁。[広島大学図書館 HP 学術情報リポジトリ]
25. 「「身体知」研究のための問題の展望」(共著)『体育哲学研究』第 41 号、2011 年、1-10 頁。(共著者:王水泉)
26. 「新しい概念としての教育保障―問題提起と展望―」(共著)『広島大学大学院教育学研究科紀要(第一部)』第 60 号、2011 年、21-29 頁。(共著者:ブライアン・デンマン)[広島大学図書館 HP 学術情報リポジトリ]
27. 「教員養成教育のこれからを考える―徳永保氏の提言を受けて―」『学習開発学研究』第 5 号、2012 年、61-69 頁。[広島大学図書館 HP 学術情報リポジトリ]
28. 「「美と教育」再論へのコメント―なぜ、あえてシュタイナーなのか―」『近代教育フォーラム』第 21 号、2012 年、81-89 頁。
29. "At a crossroads? Comparative and international education research in Asia and the Pacific" *Asian Education and Development Studies*, vol. 2 Iss: 1, 2013, pp.4-21. (coauthor: Brian Denman)
30. 「武道とダンスを学校教育で教えることにより広がる可能性とは何か」『スポーツ社会学研究』第 21 巻第 1 号、2013 年、53-67 頁。
31. "A Philosophical Reflection on the Disaster and School Education"『学校教育実践学研究』第 19 巻、2013 年、279-284 頁。[広島大学図書館 HP 学術情報リポジトリ]
32. 「ホモ・アカデミクスと教育学・教育哲学」『近代教育フォーラム』第 22 号、2013 年、45-53 頁。
33. "Philosophy for Children in Japan: History and Prospects"(共著)『学習開発学研究』第 8 号、2015 年、59-66 頁。(coauthor: Chie Ashida)[広島大学図書館 HP 学術情報リポジトリ]
34. 「ESD の概念についてのメモランダム」『学習開発学研究』第 9 号、2016 年、3-12 頁。[広島大学図書館 HP 学術情報リポジトリ]
35. 「感性教育論の展開(1)―言葉の教育を考える―」『広島大学大学院教育学研究科紀要(第一部)』第 67 号、2018 年、9-18 頁。[広島大学図書館 HP 学術情報リポジトリ]

36. 「協同学習の理論的基盤としての社会的構成主義についての一考察―特に言語の問題に着目して―」（共著）『学習開発学研究』第11号、2018年、125-134頁。（共著者：須谷弥生）［広島大学図書館HP学術情報リポジトリ］
37. 「感性教育論の展開（2）―感覚・感受性―」『学習開発学研究』第12号、2019年、3-12頁。［広島大学図書館HP学術情報リポジトリ］
38. 「感性教育論の展開（3）―表現―」『広島大学大学院教育学研究科紀要（第一部）』第68号、2019年、11-20頁。［広島大学図書館HP学術情報リポジトリ］
39. "Philosophy for children in Confucian societies: the case of Japan" Lam, C.M. (ed.) *Philosophy for Children in Confucian Societies: In Theory and Practice*, Abingdon and New York: Routledge, 2020, pp.117-140. (coauthor: Laurance J. Splitter)
40. 「「身体感性論」という新しい哲学プロジェクトと教育」『教育学研究』第87巻第3号、2020年、391-399頁。
41. 「感性教育論の展開（4）―技能―」『広島大学大学院人間社会科学研究科紀要「教育学研究」』第1号、2020年、1-10頁。［広島大学図書館HP学術情報リポジトリ］
42. 「感性教育論の展開（5）―主体性そして全人性―」『学習開発学研究』第13号、2021年、7-16頁。［広島大学図書館HP学術情報リポジトリ］

Ⅲ　小品（エッセイ、事典項目、翻訳など）

【エッセ・クリティック】

1. 「新任教官自己紹介　福山は雪国ですか」福山分校広報委員会（編）『福山分校通信』第46号、1984年、14頁。
2. 「はなむけ百文字集」福山分校広報委員会（編）『福山分校通信』第46号、1984年、9頁。
3. 「スポーツ＝アナグラム」広島大学広報委員会（編）『学内通信』第244号、1985年、34-36頁。［『遊戯する身体』に所収］
4. 「はなむけ百文字」福山分校広報委員会（編）『福山分校通信』第48号、1985年、9頁。
5. 「福山音楽日記」広島大学レクリエーション委員会（編）『不死鳥』第25号、1986年、14-18頁。

6. 「はなむけのことば」福山分校広報委員会（編）『福山分校通信』第50号、1986年、13頁。
7. 「『スポーツの美学』（不昧堂）を出版して―著者自身による解説―」広島大学附属図書館『図書館だより』第14巻第1/2号、1987年、367-368頁。
8. 「読書アンケート」広島大学レクリエーション委員会（編）『不死鳥』第26号、1987年、71-72頁。
9. 「夢の語り手」『広島大学教職員組合』第161号、1987年、2164（12）頁。
10. 「卒業生へのはなむけのことば」福山分校広報委員会（編）『福山分校通信』第52号、1987年、9頁。
11. 「草原情歌」広島大学レクリエーション委員会（編）『不死鳥』第27号、1988年、6-14頁。
12. 「読書アンケート」広島大学レクリエーション委員会（編）『不死鳥』第27号、1988年、96-97頁。
13. 「卒業生へのはなむけのことば」福山分校広報委員会（編）『福山分校通信』第54号、1988年、8頁。
14. 「追体験『地鳴りするアメリカ！』」福山分校広報委員会（編）『福山分校通信』第57号（最終号）、1989年、25-27頁。
15. 「アメリカの外国人」広島大学広報委員会（編）『広大フォーラム』第277号、1989年、33-34頁。[『遊戯する身体』に所収]
16. 「読書アンケート」広島大学レクリエーション委員会（編）『不死鳥』第29号、1990年、86-87頁。
17. 「商売としての野球選手」広島大学レクリエーション委員会（編）『不死鳥』第30号、1991年、9-12頁。[『遊戯する身体』に所収]
18. 「巻頭言　スポーツ芸術の静けさ」『広島芸術学会報』第21号、1992年、1頁。[『遊戯する身体』に所収]
19. 「「専門教育」の二つの意味と教育学部」広島大学広報委員会（編）『広大フォーラム』第298号、1992年、27-28頁。
20. 「パラティーノ伯爵に捧ぐ―ゴヤ、カステルヌオーヴォ＝テデスコ、そして山下―」広島大学レクリエーション委員会（編）『不死鳥』第32号、1993年、14-17頁。[『遊戯する身体』に所収]
21. 「スポーツは闘いでありかつ遊戯である」『レクリエーション』第409号、1994年、6-8頁。
22. 「卒業生・修了生をおくる言葉」広島大学教育学部広報委員会（編）『かが

み通信』第 4 巻第 3 号、1994 年、22 頁。

23. 「伝統と革新 『認知心理学者 教育を語る』を読む」広島大学教育学部広報委員会（編）『かがみ通信』第 5 巻第 1 号、1994 年、12 頁。
24. 「国際スポーツ哲学会（PSSS）レポート」『体育原理研究』第 25 号、1995 年、55-58 頁。
25. 「遊戯論と身体論―美学を超えて―」『体育の科学』第 45 巻第 11 号、1995 年、893-897 頁。
26. 「これが私（たち）の流儀（やりかた）です」広島大学レクリエーション委員会（編）『不死鳥』第 34 号、1995 年、94-97 頁。
27. 「身体の美学にむけて―ワークショップ「異文化としての舞踊」に参加して思うこと―」佐々木健一（編）『美学における感性・身体・共同体』東京大学美学藝術学研究室、1996 年、235-241 頁。
28. 「反健康論としてのスポーツ」（鼎談：三浦雅士×樋口聡×桂英史）TASC（たばこ総合研究センター）『談』編集部（編）『パラドックスとしての身体』河出書房新社、1997 年、257-285 頁。（共著）
29. 「スポーツを考える―スポーツから見た現代社会―」『体育の科学』第 47 巻第 2 号、1997 年、99-101 頁。
30. 「安全のためのドラマティック・リハーサル」『かがみ通信』第 8 巻第 1 号（通号 26 号）、8 頁。
31. 「論点 学校体育の独自性とは何か？「なぜ独自性を問うのか」」『学校体育』第 51 巻第 3 号、1998 年、42-43 頁。[『身体教育の思想』に所収]
32. 「スポーツって何だろう、考えてみよう」中学校体育・スポーツ教育実践講座刊行会（編）『中学校体育・スポーツ教育実践講座』ニチブン、1998 年、108-110 頁。
33. 「国際スポーツ哲学会報告」『体育原理研究』第 28 号、2000 年、93-99 頁。
34. 「編集後記」『学習開発研究』第 1 号、2000 年、139 頁。
35. 「身体の二重性とミメーシス―ヴルフ氏への質問」『近代教育フォーラム』第 13 号、2004 年、209-210 頁。
36. 「編集後記」『学習開発研究』第 3 号、2007 年、158 頁。
37. 「競技スポーツ、その魅力」高橋健夫・落合優・小沢治夫・柳沢和雄・友添秀則（編）『最新 体育・スポーツ理論』大修館書店、2003 年、6-9 頁。
38. 「体育原理はどのような学問か」友添秀則・岡出美則（編）『教養としての体育原理―現代の体育・スポーツを考えるために―』大修館書店、2005

年、8-14 頁。

39. 「スポーツにおける大学と地域の連携―その意味を問う―」（共著・分担）『体育哲学研究』第 36 号、2006 年、87-92 頁。
40. 「編集後記」『学習開発学研究』第 1 号、2007 年、139 頁。
41. 「体育哲学における人間形成概念の（不））可能性と展望」（「体育学的人間形成理論の模索―体育哲学における人間形成概念の検討とその方向性の模索―」（共著）の一部）『体育哲学研究』第 37 号、2007 年、141-144 頁。
42. 「街との出会い、人との出会い―オーストリアのグラーツ」『現代スポーツ評論』第 18 号、2008 年、143-147 頁。
43. 「〈広島〉と身体文化：ローカリティの哲学の試み」（提案趣旨）『体育哲学研究』第 40 号、2010 年、69-70 頁。
44. 「巻頭言　哲学を実践すること」『日本体育学会体育原理専門分科会会報』第 14 巻第 3 号、2010 年、1-2 頁。
45. 「オーストリアの教育事情」『学校教育』第 1134 号、2012 年、70-73 頁。
46. 「身体知研究の現在―身体教育の可能性を探る―（日本体育学会第 63 回大会専門領域シンポジウム B 報告）」『体育哲学研究』第 43 号、2013 年、73-82 頁（樋口執筆部分 79-82 頁、他の著者：釜崎太、田中彰吾、生田久美子）
47. 「スポーツ科学のすすめ」『現代高等保健体育　教授用参考資料』大修館書店、2013 年、487-488 頁。
48. 「巻頭言「身体知」は体育をどう変えるか？」『体育科教育』第 61 巻第 9 号、2013 年、9 頁。
49. 「巻頭言　絶望の淵から這い上がって」『日本体育学会体育哲学専門領域会報』第 19 巻第 4 号、2016 年、1-2 頁。
50. 「ゲームの倫理学」友添秀則（編）『よくわかるスポーツ倫理学』ミネルヴァ書房、2017 年、78-91 頁。
51. 「巻頭言　アートの力に励まされて」『広島芸術学会会報』第 144 号、2017 年、1 頁。
52. 「道（Way）」『広大　人（ひと）　通信』増刊号、2021 年 3 月。

※「樋口聡 研究室」のホームページに掲載の「トピック」

2008 年 6 月 12 日／ 6 月 18 日／ 9 月 8 日／ 12 月 20 日

2009 年 7 月 30 日

2010 年 4 月 12 日

2011年2月13日／2月18日／3月6日／3月26日／4月18日／5月4日／7月3日／7月14日／8月13日／10月11日／11月9日
2012年3月24日／5月9日／9月28日
2013年6月17日／6月28日／11月2日
このホームページは、2021年3月31日に閉じられた。

※このほか、学生の卒業アルバムなどに寄せた小文があるが、掌握できていない。

【新聞】

1. 「私はカープファン」『中國新聞』(1990年6月28日夕刊の「でるた」)。
2. 「スポーツ美学①美さまざま」「②採点競技」「③演戯者としてのファン」「④ファッション」「⑤スポーツ気分」「⑥いやな体格」「⑦スポーツ芸術」「⑧美を生み出す仕掛け」『中國新聞朝刊』(1990年10月8～17日朝刊の「緑地帯」)。
3. 「「体育」と「スポーツ」、明確な区別が必要」『読売新聞』(1991年10月6日付朝刊の「論点」)。

【事典項目】

1. 「バイアスロン」、「バドミントン」、「ハンググライダー」、「フィギュアスケート」、「フィッシング」、「ボウリング」、「ボクシング」、「ボート」、「ローラースケート」梅棹忠夫・江上波夫(監修)『世界歴史大辞典』教育出版センター、1985年、25、48、190、236、237、307-308、317、361-362、372頁。
2. 「遊び」「学習する身体」「技術と技能」「競争」「健康」「スポーツ美」「スポーツ文化」松岡重信(編)『重要用語300の基礎知識11：保健体育科・スポーツ教育』明治図書、1999年、15、21、24、26、31、49、50頁。
3. 〈遊び〉「ゲーム」「遊戯」(14-15頁)、〈心身関係論〉「心身一元論」「心身一如」「心身関係論」「心身二元論」「身体図式」(400-401頁)、〈身体〉「からだ」「身体的可塑性」「身体論」「肉体」(403-404頁)、〈スポーツ学〉「スポーツ科学」(458頁)、〈スポーツ美学〉「機能美」「身体美」「スポーツ美」「肉体美」(501-502頁)、〈体育学〉「科学」「学問」「体育科学」(574-575頁)日本体育学会(監修)『最新スポーツ科学大事典』平凡社、2006年。
4. 「体育」日本比較教育学会(編)『比較教育学事典』東信堂、2012年、256頁。

5. 「スポーツと美」中村敏雄・高橋建夫・寒川恒夫・友添秀則（編）『21 世紀スポーツ大事典』大修館書店、2015 年、840-845 頁。
6. 「身体美学―感性における身体の役割とは」（36-37 頁）「スポーツ―美的カウンターカルチャー」（578-579 頁）美学会（編）『美学の事典』丸善出版、2020 年。
7. 「フロネーシス」『教育哲学事典』丸善出版、2022 年。（刊行予定）

【翻訳】

1. 「R.E.Elliott：美学とスポーツ（翻訳・解説）」『体育・スポーツ哲学研究』第 2 巻、1980 年、84-100 頁。
2. 「Frans de Wachter：遊戯ルールと倫理的問題性（翻訳・解説）」『体育・スポーツ哲学研究』第 6・7 巻、1985 年、51-55 頁。
3. 「Gunter Gebauer：歴史人間学とは何か？（翻訳・解説）」』『学習開発研究』第 1 号、2000 年、125-135 頁。[『身体感性と文化の哲学』に所収]
4. 「Gunter Gebauer：〈手〉の世界制作について（翻訳・解説）」『藝術研究』第 13 号、2000 年、83-95 頁。[広島大学図書館 HP 学術情報リポジトリ] [『身体感性と文化の哲学』に所収]
5. 「教育思想研究におけるミーメーシス概念の可能性（Gunter Gebauer「教育におけるミーメーシス概念―ミーメーシスとは基本的に何なのか―」の翻訳を含む）」『近代教育フォーラム』第 9 号、2000 年、157-164 頁。[翻訳の部分、『身体感性と文化の哲学』に所収]
6. 「Richard Shusterman：美学的問題としての「娯楽」（翻訳・解説）」『第 53 回美学会全国大会当番校企画報告書』2003 年、249-269 頁。[『身体感性と文化の哲学』に所収]
7. 「Jürgen Oelkers：「いきいきした子ども」はどのようにして教育理論に取り込まれたか？（共訳・解説）」『学習開発学研究』第 1 号、2007 年、3-18 頁。[広島大学図書館 HP 学術情報リポジトリ]
8. 「Karel van der Leeuw：子どものための哲学をめぐる諸問題（翻訳・解説）」『学習開発学研究』第 1 号、2007 年、19-27 頁。[広島大学図書館 HP 学術情報リポジトリ]
9. 「Jürgen Oelkers：スイスにおける学校改革（翻訳・解説）」『学習開発学研究』第 1 号、2007 年、133-142 頁。[広島大学図書館 HP 学術情報リポジトリ]
10. 「Karel van der Leeuw：子どものための哲学：歴史・概念・方法（翻訳・解

説)」『学習開発学研究』第 1 号、2007 年、143-149 頁。[広島大学図書館 HP 学術情報リポジトリ]

11. 「Gunter Gebauer：ニーチェ、フーコー、そしてスポーツにおける英雄主義(翻訳・解説)」『体育哲学研究』第 38 号、2008 年、127-134 頁。[『身体感性と文化の哲学』に所収]
12. 「Philipp Gonon：スイスならびにヨーロッパにおける職業教育改革の動向(共訳)」『学習開発学研究』第 2 号、2009 年、29-38 頁。[広島大学図書館 HP 学術情報リポジトリ]
13. 「David Turner：教育理解のための基本原理―教育の理論と実践の関わりの視点から―(翻訳・解説)」『学習開発学研究』第 3 号、2010 年、29-36 頁。[広島大学図書館 HP 学術情報リポジトリ]
14. 「David Turner：教育学とスポーツの哲学(翻訳・訳者付記)」『体育哲学研究』第 40 号、2010 年、83-87 頁。
15. 「David Turner：イギリスにおける教員養成―問題の背景と現状―(翻訳・解説)」『学習開発学研究』第 4 号、2011 年、75-82 頁。[広島大学図書館 HP 学術情報リポジトリ]
16. 「Richard Shusterman：身体意識と行為―身体感性論の東西―(翻訳・訳者解題)」『思想』第 1060 号、2012 年、95-120 頁。
17. 「Dorothée Legrand: 身体的主体としての人間とは誰のことなのか(翻訳・訳者附記)」『学習開発学研究』第 8 号、2015 年、245-254 頁。[広島大学図書館 HP 学術情報リポジトリ]

【書評】

1. 「書評：佐藤臣彦著『身体教育を哲学する―体育哲学叙説―』」『週刊読書人』第 2000 号、1993 年、2 頁。
2. 「BOOK REVIEW：佐藤臣彦著『身体教育を哲学する―体育哲学叙説―』」『体育の科学』第 43 巻第 10 号、1993 年、863 頁。
3. 「書評：西村秀樹著『スポーツにおける抑制の美学―静かなる強さと深さ』」『スポーツ社会学研究』第 18 巻第 1 号、2010 年、102-105 頁。
4. 「書評：権藤敦子『高野辰之と唱歌の時代―日本の音楽文化と教育の接点をもとめて―』東京堂出版、2015 年」『学習開発学研究』第 10 号、2017 年、165-168 頁。[広島大学図書館 HP 学術情報リポジトリ]

【その他】

取材を受けての記事・テレビ番組など

1. 「美　再評価の波　社会・人文科学分野で　教育やスポーツにも」『朝日新聞』（2006 年 1 月 29 日朝刊）。
2. 「耕論　〈フィギュア愛の理由〉　氷上の華宝塚と違う魅力」『朝日新聞』（2016 年 12 月 20 日朝刊）。
3. 「圧倒的な幸福感で魅了した」『アエラ増刊　浅田真央すべてを抱きしめたい』（2017/5/10 号）、90 頁。
4. 「勝利の条件　スポーツ・イノベーション　体操」（NHKBS1、2020 年 8 月 31 日 20：00 ～放送）。

身心文化学習論

2021年8月31日　第1刷発行

編　者　樋口聡教授退職記念論集・編集委員会編
（代表・釜崎太　委員・上泉康樹、新保淳、松田太希、裵芝允）
発行者　鴨門裕明
発行所　㈲創文企画
〒101－0061 東京都千代田区神田三崎町3－10－16 田島ビル2F
TEL：03－6261－2855　FAX：03－6261－2856
http://www.soubun-kikaku.co.jp
装　丁　㈱オセロ
印　刷　壮光舎印刷㈱

ISBN 978-4-86413-149-0